Sous Vide Magia

Perfekcyjne Smaki w Twojej Kuchni

Wojciech Nowakowski

Treść

Słodka kiełbasa i winogrona 9
Słodkie żeberka z sosem sojowym i mango 10
Słodkie kotleciki z migdałami i cukinią 12
Kotleciki Wieprzowe Z Papryką I Duszoną Kukurydzą 14
Kremowy polędwiczka wieprzowa z koniakiem 16
Noga wieprzowa z pomidorami i marchewką 18
Wieprzowina z pikantnym sosem kawowym 20
pikantny filet 22
Pyszny kotlet schabowy z grzybami 23
Zupa krem z bekonu i kukurydzy 25
Szaszłyki Wieprzowe Z Kminkiem I Czosnkiem 27
Niesamowite kotlety wieprzowe w glazurze balsamicznej 29
Czerwona kapusta i ziemniaki z kiełbasą 30
polędwiczka wieprzowa z migdałami 32
Pyszna wieprzowina z zielonym sosem 34
Kokosowe i pikantne żeberka wieprzowe 36
Soczyste żeberka z grilla 38
Schab wieprzowy z czosnkiem 40
Pyszna polędwiczka wieprzowa z czosnkiem i tymiankiem 41
Kotlety schabowe z sosem grzybowym 43
słodkie kiełbaski jabłkowe 45
Tacos ze słodką pomarańczową wieprzowiną 46
Meksykańskie carnitas wieprzowe z czerwonym sosem 48
Tacos Chorizo z kurczakiem i ostrym serem 50

kurczak z warzywami 52
Łatwy pikantny kurczak w miodzie 54
Klasyczny kurczak Cordon Bleu.. 56
Chrupiący domowy smażony kurczak................................. 58
przyprawiona pierś z kurczaka... 60
Wrap z sałatką z kurczaka, solą, pieprzem i imbirem 62
Pierś z kurczaka o smaku cytrynowym................................ 64
Kurczak z musztardą i czosnkiem.. 66
Cały kurczak 67
Pyszne skrzydełka z kurczaka z sosem bawolym 68
Pyszne udka z kurczaka ze słodkim sosem cytrynowym............ 69
Pierś z kurczaka z sosem cajun 71
Pierś z kurczaka Sriracha 72
Kurczak z curry i sosem pietruszkowym 73
pierś z kurczaka z parmezanem 74
mielony kurczak z pomidorami 76
Zapiekanka Z Kurczakiem I Pieczarkami 77
Najłatwiejsza Pierś Z Kurczaka Bez Brązu........................... 79
pomarańczowe udka z kurczaka 80
Kurczak z Tymiankiem Cytrynowym.................................... 82
Pikantna Sałatka Z Kurczakiem 83
Cały kurczak 85
Proste pikantne udko z kurczaka 87
Buffalo Chicken Wings... 88
mielone burgery z kurczaka 90
udka z kurczaka z puree z marchwi 91
kurczak cytrynowo-miętowy 93

Kurczak z konfiturą wiśniową 94
Słodko-pikantne paluszki z kurczaka 95
faszerowana pierś z kurczaka 97
szalony Kurczak 99
Udka z kurczaka w stylu śródziemnomorskim 101
Pierś z kurczaka z sosem harissa 103
Kurczak z czosnkiem i grzybami 104
udka z kurczaka z ziołami 106
Pudding z kurczaka z sercami karczochów 108
Sałatka Dyniowa Z Kurczakiem I Migdałami 110
Sałatka z kurczakiem i orzechami włoskimi 112
Mięso kraba z sosem z oliwy cytrynowej 114
północny łosoś szybki 115
Pyszny pstrąg z musztardą i sosem tamari 116
Tuńczyk sezamowy z sosem imbirowym 117
Boska Roladka Krabowa Z Cytryną i Czosnkiem 119
Pikantna ośmiornica z sosem cytrynowym 121
Kreolskie szaszłyki z krewetek 123
Krewetki z pikantnym sosem 125
Sola z szalotką i estragonem 126
Dorsz z masłem cytrynowo-ziołowym 128
Grouper z Beurre Nantais 130
chipsy z tuńczyka 132
przegrzebki z masłem 133
miętowa sardynka 134
Cebula morska w białym winie 135
Sałatka z łososia i jarmużu z awokado 136

łosoś imbirowy	138
Małże w świeżym soku z cytryny	139
Filet z tuńczyka marynowany z warzywami	140
ciasteczka krabowe	142
zapach pieprzu	144
Marynowany filet z suma	146
Krewetki cytrynowo-pietruszkowe	148
Halibut sous vide	149
olejek cytrynowy	151
Dorsz z bazylią	153
łatwa tilapia	154
łosoś ze szparagami	155
curry z makreli	156
kalmary z rozmarynem	157
Smażone Krewetki Z Cytryną	158
Ośmiornica na grillu	159
filet z dzikiego łososia	161
gulasz z tilapii	162
Ciasteczka maślane z czarnym pieprzem	164
pstrąg kolendrowy	166
pierścienie kalmarów	167
Sałatka Z Krewetek Z Papryką I Awokado	168
Snapper z masłem i szafranowym sosem cytrusowym	170
Filet z dorsza w panierce sezamowej	172
Kremowy łosoś ze szpinakiem i sosem musztardowym	173
Przegrzebki z czerwonej papryki ze świeżą sałatką	175
Pikantne Przegrzebki Z Mango	177

Szczypiorek i krewetki z sosem musztardowym 179

Zupa krewetkowa z kokosem 181

Łosoś miodowy z makaronem soba 183

Wyśmienity homar z majonezem 185

Koktajl z krewetek na imprezę 187

Łosoś cytrynowy z ziołami 189

Pyszne maślane ogony homara 190

Tajski łosoś z kalafiorem i makaronem jajecznym 191

Lekki okoń morski z koperkiem 193

Smażone krewetki w słodkiej papryce 194

Owocowe Tajskie Krewetki 196

Danie z krewetek cytrynowych w stylu dublińskim 198

Soczyste przegrzebki z pikantnym sosem czosnkowym 200

Curry krewetkowe z makaronem 202

Pyszny kremowy dorsz z pietruszką 203

Pot de Rillettes Francuskie z Łososiem 205

Łosoś szałwiowy z puree ziemniaczanym z dodatkiem kokosa 206

Koperkowa miska z małą ośmiornicą 208

Solony łosoś z sosem holenderskim 209

Wspaniały łosoś cytrynowy z bazylią 211

Kawałki jajek z łososiem i szparagami 213

Słodka kiełbasa i winogrona

Przygotowanie + czas gotowania: 1 godzina i 20 minut | Porcje: 4

Surowiec

2 ½ szklanki białych winogron bez pestek i łodyg
1 łyżka posiekanego świeżego rozmarynu
2 łyżki masła
4 całe słodkie włoskie kiełbaski
2 łyżki octu balsamicznego
Sól i pieprz do smaku

Instrukcje

Przygotuj bemar i włóż do niego sous vide. Ustaw na 160F.

Umieść winogrona, rozmaryn, masło i kiełbasę w worku próżniowym. Odpowietrzyć metodą wypierania wody, zamknąć worek i zanurzyć go w kąpieli wodnej. Piec przez 60 minut.

Gdy licznik czasu się skończy, wyjmij kiełbasę i przenieś gotowane soki i winogrona do średniego rondla. Wlać ocet balsamiczny i gotować przez 3 minuty. Doprawić solą i pieprzem. Rozgrzej patelnię na średnim ogniu i smaż kiełbaski przez 3-4 minuty. Podawać z sosem i winogronami.

Słodkie żeberka z sosem sojowym i mango

Przygotowanie + czas gotowania: 36 godzin i 25 minut | Porcje: 4

Surowiec

4 funty żeberek wieprzowych

Sól i pieprz do smaku

1 szklanka soku z mango

¼ szklanki sosu sojowego

3 łyżki miodu

1 łyżka pasty chili

1 łyżka imbiru w proszku

2 łyżki oleju kokosowego

1 łyżeczka chińskiego proszku pięciu przypraw

1 łyżeczka mielonej kolendry

Instrukcje

Przygotuj bemar i włóż do niego sous vide. Ustaw na 146F.

Żeberka dopraw solą i pieprzem i włóż do worka próżniowego. Odpowietrzyć metodą wypierania wody, zamknąć worek i zanurzyć go w kąpieli wodnej. Piec 36 godzin. Gdy licznik czasu się skończy, usuń paski i osusz je. Wyrzuć płyny kuchenne.

Rozgrzej patelnię na średnim ogniu i gotuj sok z mango, sos sojowy, pieprz cayenne, pastę czosnkową, miód, imbir, olej kokosowy, pięć przypraw i kolendrę przez 10 minut, aż woda się wchłonie. Posmaruj żeberka sosem. Przenieść na blachę do pieczenia i piec w temperaturze 390 F przez 5 minut.

Słodkie kotleciki z migdałami i cukinią

Przygotowanie + czas gotowania: 3 godziny i 15 minut | Porcje: 2

Surowiec

2 polędwiczki wieprzowe

Sól i pieprz do smaku

3 łyżki oliwy z oliwek

1 łyżka świeżo wyciśniętego soku z cytryny

2 łyżeczki czerwonego octu winnego

2 łyżeczki miodu

2 łyżki oliwy z oliwek

2 średnie cukinie pokrojone w paski

2 łyżki prażonych migdałów

Instrukcje

Przygotuj bemar i włóż do niego sous vide. Ustaw na 138 F. Umieść przyprawioną wieprzowinę w worku próżniowym. Dodaj 1 łyżkę oliwy z oliwek. Odpowietrzyć metodą wypierania wody, zamknąć worek i zanurzyć go w kąpieli wodnej. Gotuj przez 3 godziny.

Wymieszaj sok z cytryny, miód, ocet i 2 łyżki oliwy z oliwek. Doprawić solą i pieprzem. Gdy czas się skończy, wyjmij torebkę i wyrzuć płyny z gotowania. Rozgrzej olej ryżowy na patelni na dużym ogniu i smaż wieprzowinę po 1 minucie z każdej strony. Zdejmij z ognia i odstaw na 5 minut.

Na sałatkę wymieszaj w misce cukinię z dressingiem. Doprawić solą i pieprzem. Przełóż wieprzowinę na talerz i podawaj z cukinią. Udekorować migdałami.

Kotleciki Wieprzowe Z Papryką I Duszoną Kukurydzą

Przygotowanie + czas gotowania: 1 godzina i 10 minut | Porcje: 4

Surowiec

4 kotlety schabowe

1 mała czerwona papryka, posiekana

1 mała, posiekana żółta cebula

2 szklanki mrożonych ziaren kukurydzy

¼ szklanki kolendry

Sól i pieprz do smaku

1 łyżka tymianku

4 łyżki oleju roślinnego

Instrukcje

Przygotuj bemar i włóż do niego sous vide. Ustaw na 138 F. Posyp wieprzowinę solą i umieść ją w worku próżniowym. Odpowietrzyć metodą wypierania wody, zamknąć worek i zanurzyć go w łaźni wodnej. Gotuj przez 1 godzinę.

Na patelni rozgrzej olej na średnim ogniu i podsmaż cebulę, czerwoną paprykę i kukurydzę. Doprawić solą i pieprzem. Dodaj kolendrę i tymianek. Odłóż to na bok. Gdy licznik czasu się skończy, wyjmij wieprzowinę i przenieś ją na gorącą patelnię. Smaż przez 1 minutę z każdej strony. Podawaj wieprzowinę z gotowanymi warzywami.

Kremowy polędwiczka wieprzowa z koniakiem

Przygotowanie + czas gotowania: 4 godziny i 50 minut | Porcje: 4

Surowiec

Stek z polędwicy wieprzowej bez kości o wadze 3 funtów
sól dla smaku
2 cebule, pokrojone w cienkie plasterki
¼ szklanki brandy
1 szklanka wody Mleko
1 szklanka serka śmietankowego

Instrukcje

Przygotuj bemar i włóż do niego sous vide. Ustaw na 146 F. Dopraw wieprzowinę solą i pieprzem. Rozgrzej patelnię na średnim ogniu i smaż wieprzowinę przez 8 minut. Odłóż to na bok. Dodać cebulę i smażyć przez 5 minut. Dodaj brandy i zagotuj. Pozostawić do ostygnięcia na 10 minut.

Umieść wieprzowinę, cebulę, mleko i śmietanę w worku próżniowym. Odpowietrzyć metodą transferu wody, zamknąć i zanurzyć w łaźni wodnej. Gotuj przez 4 godziny. Usuń świnię, gdy skończy się czas. Odłóż na bok i trzymaj w cieple. Rozgrzewamy patelnię i wlewamy wodę z gotowania. Mieszaj przez 10 minut, aż się zagotuje. Doprawić solą i pieprzem. Pokrój wieprzowinę w plasterki i udekoruj sosem śmietanowym.

Noga wieprzowa z pomidorami i marchewką

Przygotowanie + czas gotowania: 48 godzin i 30 minut | Porcje: 4

Surowiec

2 nogi wieprzowe

1 puszka (14,5 uncji) posiekanych pomidorów z sokiem

1 szklanka bulionu

1 szklanka posiekanej cebuli

½ szklanki drobno posiekanej bulwy kopru włoskiego

½ szklanki posiekanej marchewki

sól dla smaku

½ kieliszka czerwonego wina

1 liść laurowy

Instrukcje

Przygotuj bemar i włóż do niego sous vide. Ustaw na 149 F. Odetnij tłuszcz z łydek ud i umieść w worku próżniowym. Dodaj resztę składników. Odpowietrzyć metodą transferu wody, zamknąć i zanurzyć torebkę w kąpieli wodnej. Gotuj przez 48 godzin.

Gdy czas się skończy, usuń łodygę i wyrzuć liść laurowy. Oszczędzaj wodę do gotowania. Połóż nogę na blasze do pieczenia i grilluj przez 5 minut, aż uzyska złoty kolor. Rozgrzej patelnię na średnim ogniu i dodaj wodę z gotowania. Gotuj przez 10 minut, aż zgęstnieje. Sosem posmaruj mięso i podawaj.

Wieprzowina z pikantnym sosem kawowym

Przygotowanie + czas gotowania: 2 godziny i 50 minut | Porcje: 4

Surowiec

4 kotlety schabowe z kością
1 łyżka papryczki chili
1 łyżka kawy mielonej
1 łyżka brązowego cukru
1 łyżka soli czosnkowej
1 łyżka oliwy z oliwek

Instrukcje

Przygotuj bemar i włóż do niego sous vide. Ustaw na 146 F. Umieść wieprzowinę w worku próżniowym. Odpowietrzyć metodą wypierania wody, zamknąć worek i zanurzyć go w łaźni wodnej. Piec 2 godziny i 30 minut.

W międzyczasie przygotuj sos i dobrze wymieszaj czerwoną paprykę w proszku, kawę w proszku, brązowy cukier i sól czosnkową. Gdy licznik czasu się skończy, wyjmij wieprzowinę i osusz ją.

Posmaruj wieprzowinę sosem. Na patelni rozgrzewamy olej i smażymy wieprzowinę po 1-2 minuty z każdej strony. Pozwól mu odpocząć przez 5 minut. Pokrój wieprzowinę i podawaj.

pikantny filet

Przygotowanie + czas gotowania: 3 godziny i 15 minut | Porcje: 4

Isurowiec

1 funt schabu wieprzowego, przyciętego
sól dla smaku
½ łyżeczki czarnego pieprzu
3 łyżki pasty chili

Instrukcje

Przygotuj bemar i włóż do niego sous vide. Ustaw na 146F.

Filet wymieszać z solą i pieprzem i umieścić w worku próżniowym. Odpowietrzyć metodą wypierania wody, zamknąć worek i zanurzyć go w kąpieli wodnej. Gotuj przez 3 godziny.

Gdy timer się skończy, wyjmij wieprzowinę i posmaruj pastą chili. Rozgrzej grill na dużym ogniu i smaż polędwicę przez 5 minut, aż będzie złocista. daj odpocząć. Filet pokroić w plasterki i podawać.

Pyszny kotlet schabowy z grzybami

Przygotowanie + czas gotowania: 65 minut | Porcje: 2

Surowiec

2 grube kotlety schabowe z kością

Sól i pieprz do smaku

2 łyżki zimnego masła

4 uncje mieszanych grzybów leśnych

¼ szklanki sherry

½ szklanki bulionu

1 łyżeczka szałwii

1 łyżka marynaty do steków

posiekany czosnek do dekoracji

Instrukcje

Przygotuj bemar i włóż do niego sous vide. Ustaw na 138F.

Dopraw wieprzowinę solą i pieprzem i włóż do worka próżniowego. Odpowietrzyć metodą wypierania wody, zamknąć worek i zanurzyć go w kąpieli wodnej. Piec 45 minut.

Gdy licznik czasu się skończy, wyjmij wieprzowinę i osusz ją. Wyrzuć płyny kuchenne. Na patelni na średnim ogniu rozgrzej 1 łyżkę masła i smaż wieprzowinę po 1 minucie z każdej strony. Przełożyć na talerz i odstawić.

Smaż grzyby na tej samej gorącej patelni przez 2-3 minuty. Mieszaj sherry, bulion, szałwię i marynatę do steków, aż sos zgęstnieje. Dodać resztę masła i doprawić solą i pieprzem; Dobrze wymieszaj. Polać wieprzowinę sosem i udekorować czosnkiem.

Zupa krem z bekonu i kukurydzy

Przygotowanie + czas gotowania: 1 godzina i 15 minut | Porcje: 4

Surowiec

4 kłosy kukurydzy, posiekane ziarna

4 łyżki masła

1 szklanka wody Mleko

1 liść laurowy

Sól i biały pieprz do smaku

4 plastry chrupiącego gotowanego boczku

2 łyżki posiekanej kolendry

Instrukcje

Przygotuj bemar i włóż do niego sous vide. Ustaw na 186F.

Wymieszaj ziarna kukurydzy, mleko, kolby kukurydzy, 1 łyżkę soli, 1 łyżkę białego pieprzu i liść laurowy. Umieścić w szczelnej torbie. Odpowietrzyć metodą wypierania wody, zamknąć worek i zanurzyć go w kąpieli wodnej. Gotuj przez 1 godzinę.

Gdy licznik czasu się zatrzyma, wyjmij torebkę i wyjmij kolby kukurydzy i liście laurowe. Umieść mieszaninę w blenderze w trybie puree na 1 minutę. Jeśli chcesz uzyskać inną konsystencję, dodaj odrobinę mleka. Doprawić solą i pieprzem. Do podania udekorować pancettą i szczypiorkiem.

Szaszłyki Wieprzowe Z Kminkiem I Czosnkiem

Przygotowanie + czas gotowania: 4 godziny i 20 minut | Porcje: 4

Surowiec

1 funt łopatki wieprzowej bez kości, posiekanej
sól dla smaku
1 łyżka mielonego kokosa
1 łyżka posiekanego czosnku
1 łyżeczka kminku
1 łyżeczka kolendry
1 łyżeczka czosnku w proszku
1 łyżeczka brązowego cukru
1 łyżeczka świeżo zmielonego czarnego pieprzu
1 łyżka oliwy z oliwek

Instrukcje

Przygotuj bemar i włóż do niego sous vide. Ustawić na 149 F. Posmarować wieprzowinę solą, czosnkiem, gałką muszkatołową, kminkiem, kolendrą, pieprzem i brązowym cukrem i umieścić w zamkniętej próżniowo torbie. Odpowietrzyć metodą wypierania wody, zamknąć worek i zanurzyć go w kąpieli wodnej. Gotuj przez 4 godziny.

Rozgrzej grill do wysokiej temperatury. Gdy licznik czasu się skończy, wyjmij wieprzowinę i połóż ją na grillu. Smażymy 3 minuty na złoty kolor.

Niesamowite kotlety wieprzowe w glazurze balsamicznej

Przygotowanie + czas gotowania: 3 godziny i 20 minut | Porcje: 2

Surowiec

2 kotlety schabowe

Sól i pieprz do smaku

1 łyżka oliwy z oliwek

4 łyżki octu balsamicznego

2 łyżeczki posiekanego świeżego rozmarynu

Instrukcje

Przygotuj bemar i włóż do niego sous vide. Ustaw na 146F.

Dopraw wieprzowinę solą i pieprzem i włóż do worka próżniowego. Odpowietrzyć metodą transferu wody, zamknąć i zanurzyć w łaźni wodnej. Gotuj przez 3 godziny. Gdy licznik czasu się skończy, wyjmij wieprzowinę i osusz ją.

Na patelni rozgrzej olej i smaż kotlety przez 5 minut, aż będą złociste. Dodać ocet balsamiczny i doprowadzić do wrzenia. Powtarzaj proces przez 1 minutę. Przełożyć na talerz i udekorować rozmarynem i sosem balsamicznym.

Czerwona kapusta i ziemniaki z kiełbasą

Przygotowanie + czas gotowania: 2 godziny i 20 minut | Porcje: 4

Surowiec

½ główki pokrojonej czerwonej kapusty

1 jabłko pokrojone w małą kostkę

24 uncje czerwonych ziemniaków, poćwiartowanych

1 mała cebula, pokrojona w plasterki

¼ łyżeczki soli selerowej

2 łyżki octu jabłkowego

2 łyżki brązowego cukru

czarny pieprz do smaku

1 kg wstępnie ugotowanej wędzonej chorizo wieprzowej, pokrojonej w plasterki

½ szklanki bulionu z kurczaka

2 łyżki masła

Instrukcje

Przygotuj bemar i włóż do niego sous vide. Ustaw na 186 F. Połącz jarmuż, ziemniaki, cebulę, jabłko, cydr, brązowy cukier, czarny pieprz, seler i sól.

Umieść kiełbaski i mieszankę w zamykanej torebce. Odpowietrzyć metodą wypierania wody, zamknąć worek i zanurzyć go w kąpieli wodnej. Gotuj przez 2 godziny.

Rozgrzej masło na patelni na średnim ogniu. Gdy minutnik się skończy, wyjmij torebkę i umieść zawartość na patelni. Gotuj, aż płyn odparuje. Dodać kapustę, cebulę i ziemniaki i smażyć na złoty kolor. Rozłóż mieszaninę pomiędzy talerzami do serwowania.

polędwiczka wieprzowa z migdałami

Przygotowanie + czas gotowania: 3 godziny i 20 minut | Porcje: 2

Surowiec

3 łyżki oliwy z oliwek

3 łyżki musztardy

2 łyżki miodu

Sól i pieprz do smaku

2 kotlety z kością

1 łyżka soku z cytryny

2 łyżeczki czerwonego octu winnego

2 łyżki oleju rzepakowego

2 szklanki mieszanej sałatki dla dzieci

2 łyżki pokrojonych w cienkie plasterki suszonych pomidorów

2 łyżeczki prażonych migdałów

Instrukcje

Przygotuj bemar i włóż do niego sous vide. Ustaw na 138F.

Wymieszaj 1 łyżkę oliwy z oliwek, 1 łyżkę miodu i 1 łyżkę musztardy, dopraw solą i pieprzem. Pomaluj kręgosłup mieszanką. Umieścić w szczelnej torbie. Odpowietrzyć metodą wypierania wody, zamknąć worek i zanurzyć go w kąpieli wodnej. Gotuj przez 3 godziny.

W międzyczasie przygotuj sos mieszając sok z cytryny, ocet, 2 łyżki oliwy z oliwek, 2 łyżki musztardy i resztę miodu. Doprawić solą i pieprzem. Gdy odliczanie się skończy, usuń kręgosłup. Wyrzuć płyny kuchenne. Na patelni rozgrzewamy olej rzepakowy i smażymy polędwicę po 30 sekund z każdej strony. Pozwól mu odpocząć przez 5 minut.

Na sałatkę w misce wymieszaj sałatę, suszone pomidory i migdały. Dodać 3/4 sosu. Udekorować sosem i podawać z sałatką.

Pyszna wieprzowina z zielonym sosem

Przygotowanie + czas gotowania: 24 godziny i 25 minut | Porcje: 8)

Surowiec

2 funty łopatki wieprzowej bez kości, pokrojonej w kostkę
sól dla smaku
1 łyżka mielonego kminku
1 łyżeczka świeżo zmielonego czarnego pieprzu
1 łyżka oliwy z oliwek
1 funt pomidorów
3 papryczki poblano, pozbawione nasion i posiekane
½ posiekanego czosnku
1 serrano, pozbawiony nasion i pokrojony w kostkę
3 wyciśnięte ząbki czosnku
1 pęczek kolendry grubo posiekanej
1 szklanka bulionu z kurczaka
½ szklanki soku z cytryny
1 łyżka tymianku

Instrukcje

Przygotuj bemar i włóż do niego sous vide. Ustaw na 149 F. Dopraw wieprzowinę solą, kminkiem i czarnym pieprzem. Na patelni rozgrzewamy olej i smażymy wieprzowinę przez 5-7 minut. Odłóż to na bok. Na tej samej patelni smaż pomidory, poblano, cebulę, serrano i czosnek przez 5 minut. Przełóż do robota kuchennego i dodaj kolendrę, sok z limonki, bulion z kurczaka i oregano. Mieszaj przez 1 minutę.

Umieść wieprzowinę i sos w zamykanej torebce. Odpowietrzyć metodą wypierania wody, zamknąć worek i zanurzyć go w kąpieli wodnej. Gotuj przez 24 godziny. Gdy czas się skończy, wyjmij torebkę i włóż do misek. Posypać solą i pieprzem. Podawać z ryżem.

Kokosowe i pikantne żeberka wieprzowe

Przygotowanie + czas gotowania: 8 godzin i 30 minut | Porcje: 4

Surowiec

1/3 szklanki mleka kokosowego

2 łyżki oleju kokosowego

2 łyżki sosu sojowego

2 łyżki brązowego cukru

2 łyżki wytrawnego białego wina

1 łodyga trawy cytrynowej, drobno posiekana

1 łyżka sosu Sriracha

1 łyżka startego świeżego imbiru

2 pokrojone ząbki czosnku

2 łyżeczki oleju sezamowego

1 funt żeberek wieprzowych bez kości

posiekana świeża kolendra

Ugotowany ryż basmati do podania

Instrukcje

Przygotuj bemar i włóż do niego sous vide. Ustaw na 134F.

Zmiksuj w robocie kuchennym mleko kokosowe, olej kokosowy, sos sojowy, brązowy cukier, wino, trawę cytrynową, imbir, sos sriracha, czosnek i olej sezamowy, aż uzyskasz gładką masę.

Ułóż żeberka i posmaruj je mieszanką w worku próżniowym. Odpowietrzyć metodą wypierania wody, zamknąć worek i zanurzyć go w kąpieli wodnej. Gotuj przez 8 godzin.

Gdy timer się skończy, wyjmij żeberka i przełóż je na talerz. Rozgrzej patelnię na średnim ogniu i wlej wodę z gotowania. Gotuj na małym ogniu przez 10-15 minut. Dodaj żeberka do sosu i dobrze wymieszaj. Gotuj przez 5 minut. Udekorować kolendrą i podawać z ryżem.

Soczyste żeberka z grilla

Przygotowanie + czas gotowania: 16 godzin i 50 minut | Porcje: 5

Surowiec

4 funty żeberek wieprzowych

3 ½ szklanki sosu barbecue

⅓ szklanki koncentratu pomidorowego

4 posiekane cebule

2 łyżki posiekanej świeżej pietruszki

Instrukcje

Przygotuj bemar i włóż do niego sous vide. Ustaw na 162F.

Umieść zarezerwowane żeberka w worku próżniowym z 3 szklankami sosu barbecue. Odpowietrzyć metodą wypierania wody, zamknąć worek i zanurzyć go w kąpieli wodnej. Gotuj przez 16 godzin.

W misce wymieszaj pozostały sos barbecue i koncentrat pomidorowy. Zarezerwuj w lodówce.

Gdy minutnik się skończy, usuń żeberka i osusz ręcznikiem kuchennym. Wyrzuć płyny kuchenne.

Rozgrzej piekarnik do 300 F. Rozsmaruj sos barbecue po obu stronach żeberek i włóż do piekarnika. Gotuj przez 10 minut. Ponownie posmaruj sosem i piecz przez kolejne 30 minut. Udekorować cebulą i natką pietruszki i podawać.

Schab wieprzowy z czosnkiem

Przygotowanie + czas gotowania: 2 godziny i 8 minut | Porcje: 3

Surowiec:

1 funt schabu wieprzowego

1 szklanka bulionu warzywnego

2 ząbki czosnku, posiekane

1 łyżeczka czosnku w proszku

3 łyżeczki oliwy z oliwek

Sól i pieprz do smaku

Instrukcje:

Przygotuj podwójny bojler, dodaj sous vide i ustaw na 136 F.

Mięso dobrze myjemy i osuszamy ręcznikiem papierowym. Natrzeć proszkiem czosnkowym, solą i pieprzem. Włóż do dużej zamykanej torby razem z bulionem i posiekanym czosnkiem. Zamknij torebkę i zanurz ją w łaźni wodnej. Gotuj przez 2 godziny. Wyjmij polędwicę z torebki i osusz ją ręcznikami papierowymi.

Rozgrzej olej na dużej patelni. Smaż stek przez 2-3 minuty z każdej strony. Wieprzowinę pokroić w plastry, ułożyć na talerzu i zalać sokiem z patelni. Spotkać się.

Pyszna polędwiczka wieprzowa z czosnkiem i tymiankiem

Przygotowanie + czas gotowania: 2 godziny i 25 minut | Porcje: 8

Surowiec

2 łyżki masła

1 łyżka proszku cebulowego

1 łyżka mielonego kminku

1 łyżka kolendry

1 łyżka suszonego rozmarynu

sól dla smaku

1 (3 funty) polędwiczki wieprzowej, bez skóry

1 łyżka oliwy z oliwek

Instrukcje

Przygotuj bemar i włóż do niego sous vide. Ustaw na 140F.

Wymieszaj proszek cebulowy, kminek, proszek czosnkowy, rozmaryn i sól cytrynową. Najpierw posmaruj wieprzowinę oliwą z oliwek i solą, a następnie mieszanką cebuli.

Umieścić w szczelnej torbie. Odpowietrzyć metodą wypierania wody, zamknąć worek i zanurzyć go w kąpieli wodnej. Gotuj przez 2 godziny.

Gdy minutnik się skończy, wyjmij wieprzowinę i osusz ją ręcznikiem kuchennym. Wyrzuć płyny kuchenne. Na patelni rozgrzej masło na dużym ogniu i smaż wieprzowinę przez 3-4 minuty, aż uzyska złoty kolor ze wszystkich stron. Odstawić do ostygnięcia na 5 minut i pokroić w medaliony.

Kotlety schabowe z sosem grzybowym

Przygotowanie + czas gotowania: 1 godzina i 10 minut | Porcje: 3

Surowiec:

3 (8 uncji) kotlety wieprzowe

Sól i pieprz do smaku

3 łyżki niesolonego masła

6 uncji grzybów

½ szklanki bulionu

2 łyżki sosu Worcestershire

3 łyżki posiekanej cebuli i czosnku do dekoracji

Instrukcje:

Przygotuj podwójny bojler, dodaj sous vide i ustaw temperaturę na 140 F. Natrzyj kotlety schabowe solą i pieprzem i umieść je w worku próżniowym. Odpowietrzyć metodą wypierania wody, zamknąć worek i zanurzyć go w kąpieli wodnej. Ustaw timer na 55 minut.

Gdy odliczanie się skończy, wyjmij torebkę i otwórz ją. Wyjąć wieprzowinę i osuszyć papierowymi ręcznikami. Wyrzuć wodę. Postaw patelnię na średnim ogniu i dodaj 1 łyżkę masła. Smaż wieprzowinę po 2 minuty z każdej strony. Odłóż to na bok. Gdy patelnia jest jeszcze gorąca, dodaj grzyby i smaż przez 5 minut. Wyłącz ogień, dodaj resztę masła i mieszaj, aż masło się rozpuści. Doprawić pieprzem i solą. Podawaj kotlety schabowe z sosem grzybowym na wierzchu.

słodkie kiełbaski jabłkowe

Przygotowanie + czas gotowania: 55 minut | Porcje: 4

Surowiec

¾ łyżeczki oliwy z oliwek

4 włoskie kiełbaski

4 łyżki soku jabłkowego

Instrukcje

Przygotuj bemar i włóż do niego sous vide. Ustaw na 162F.

Umieść kiełbaski i 1 łyżkę soku jabłkowego na każdą kiełbasę w zamykanej torebce. Odpowietrzyć metodą wypierania wody, zamknąć worek i zanurzyć go w łaźni wodnej. Piec 45 minut.

Rozgrzej olej na patelni na średnim ogniu. Gdy timer się skończy, wyjmij kiełbaski, dodaj je na patelnię i smaż przez 3-4 minuty, aż się zarumienią.

Tacos ze słodką pomarańczową wieprzowiną

Przygotowanie + czas gotowania: 7 godzin i 10 minut | Porcje: 8

Surowiec

½ szklanki soku pomarańczowego

4 łyżki miodu

2 łyżki posiekanego świeżego czosnku

2 łyżki posiekanego świeżego imbiru

2 łyżki sosu Worcestershire

2 łyżeczki sosu hoisin

2 łyżeczki sosu sriracha

½ skórki pomarańczowej

1 funt schabu wieprzowego

8 tortilli pszennych, ciepłe

½ szklanki posiekanej świeżej kolendry

1 cytryna pokrojona w plasterki

Instrukcje

Przygotuj bemar i włóż do niego sous vide. Ustaw na 175F.

Dokładnie wymieszaj sok pomarańczowy, 3 łyżki miodu, czosnek, imbir, sos Worcestershire, sos hoisin, sriracha i skórkę pomarańczową.

Umieść wieprzowinę w zamykanej torebce i dodaj sos pomarańczowy. Odpowietrzyć metodą wypierania wody, zamknąć worek i zanurzyć go w kąpieli wodnej. Gotuj przez 7 godzin.

Gdy licznik czasu się skończy, wyjmij wieprzowinę i połóż ją na blasze do pieczenia. Poproś o soki do gotowania.

Rozgrzej patelnię na średnim ogniu i wlej pozostały miód i wodę. Gotuj przez 5 minut, aż zacznie bulgotać i zredukować o połowę. Posmaruj wieprzowinę sosem. Nafaszeruj tortille wieprzowiną. Udekorować kolendrą i pozostałym sosem.

Meksykańskie carnitas wieprzowe z czerwonym sosem

Przygotowanie + czas gotowania: 49 godzin i 40 minut | Porcje: 8

Surowiec

3 łyżki oliwy z oliwek
2 łyżki płatków czerwonej papryki
sól dla smaku
2 łyżeczki ostrego meksykańskiego chili w proszku
2 łyżeczki suszonego tymianku
½ łyżeczki cynamonu w proszku
2 ¼ funta polędwiczki wieprzowej bez kości
4 małe dojrzałe pomidory, posiekane
¼ czerwonej cebuli, pokrojonej w plasterki
¼ szklanki posiekanych liści kolendry
świeżo wyciśnięty sok z cytryny
8 tortilli kukurydzianych

Instrukcje

Dobrze wymieszaj płatki pieprzu, sól koszerną, ostre meksykańskie chili w proszku, oregano i cynamon. Posmaruj wieprzowinę mieszanką pieprzu i przykryj folią. Pozostawić do ostygnięcia na 1 godzinę.

Przygotuj bemar i włóż do niego sous vide. Ustaw na 159 F. Umieść wieprzowinę w worku próżniowym. Odpowietrzyć metodą transferu wody, zamknąć i zanurzyć w łaźni wodnej. Gotuj przez 48 godzin. 15 minut przed końcem dodaj pomidora, cebulę i kolendrę. Dodaj sok z cytryny i sól.

Gdy licznik czasu się skończy, wyjmij torebkę i przenieś wieprzowinę na deskę do krojenia. Wyrzuć płyny kuchenne. Ciągnij mięso, aż się rozpadnie. Rozgrzej olej roślinny na patelni na średnim ogniu i smaż szarpaną wieprzowinę, aż będzie chrupiąca i chrupiąca. Napełnij tortillę wieprzowiną. Polać wierzch czerwonym sosem i podawać.

Tacos Chorizo z kurczakiem i ostrym serem

Przygotowanie + czas gotowania: 3 godziny i 25 minut | Porcje: 8

Surowiec

2 kiełbaski wieprzowe, osłonki usunięte

1 papryczka poblano, z usuniętą łodygą i nasionami

½ papryczki jalapeno, usunięto łodygi i nasiona

4 posiekane cebule

1 pęczek świeżych liści kolendry

½ szklanki posiekanej świeżej pietruszki

3 ząbki czosnku

2 łyżki soku z cytryny

1 łyżeczka soli

¾ łyżeczki mielonej kolendry

¾ łyżeczki mielonego kminku

4 piersi z kurczaka bez kości i skóry, pokrojone w plasterki

1 łyżka oleju roślinnego

½ żółtej cebuli, pokrojonej w cienkie plasterki

8 tacos kukurydzianych

3 łyżki sera provolone

1 pomidor

1 hala lodowa, rozebrana

Instrukcje

Do blendera włóż ½ szklanki wody, papryczkę poblano, papryczkę jalapeño, cebulę, kolendrę, pietruszkę, czosnek, sok z limonki, sól, kolendrę i kminek i zmiksuj na gładką masę. Umieść paski kurczaka i mieszankę papryki w zamykanej torebce. Włożyć do lodówki i pozostawić do ostygnięcia na 1 godzinę.

Przygotuj bemar i włóż do niego sous vide. Ustaw na 141 F. Umieść mieszaninę kurczaka w wannie. Piec 1 godzinę i 30 minut.

Na patelni rozgrzej olej na średnim ogniu i smaż cebulę przez 3 minuty. Dodaj chorizo i gotuj przez 5-7 minut. Wyjmij kurczaka, gdy skończy się czas. Wyrzuć płyny kuchenne. Dodaj kurczaka i dobrze wymieszaj. Napełnij tortille mieszanką kurczaka i chorizo. Nadzienie z serem, pomidorem i kapustą. Spotkać się.

kurczak z warzywami

Przygotowanie + czas gotowania: 2 godziny i 15 minut | Porcje: 2

Surowiec:

1 kg piersi z kurczaka, bez kości i skóry

1 szklanka pokrojonej w plasterki czerwonej papryki

1 szklanka zielonej papryki, pokrojonej w plasterki

1 szklanka pokrojonej w plasterki cukinii

½ szklanki posiekanej cebuli

1 szklanka różyczek kalafiora

½ szklanki świeżo wyciśniętego soku z cytryny

½ szklanki bulionu z kurczaka

½ łyżeczki sproszkowanego imbiru

1 łyżeczka różowej soli himalajskiej

Instrukcje:

W misce wymieszaj sok z cytryny z bulionem z kurczaka, imbirem i solą. Dobrze wymieszaj i dodaj posiekane warzywa. Odłóż to na bok. Dobrze umyj piersi z kurczaka pod zimną bieżącą wodą. Za pomocą ostrego noża kuchennego pokrój mięso na małe kawałki.

Wymieszaj z innymi składnikami i dobrze wymieszaj. Przełóż do dużej zamykanej torby i zamknij. Gotuj sous vide w temperaturze 167 F przez 2 godziny. Natychmiast podawaj.

Łatwy pikantny kurczak w miodzie

Przygotowanie + czas gotowania: 1 godzina i 45 minut | Porcje: 4

Surowiec

8 łyżek masła

8 ząbków czosnku, posiekanych

6 łyżek ostrego sosu

1 łyżeczka kminku

4 łyżki miodu

1 sok z cytryny

Sól i pieprz do smaku

4 piersi z kurczaka bez kości i skóry

Instrukcje

Przygotuj bemar i włóż do niego sous vide. Ustaw na 141F.

Rozgrzej patelnię na średnim ogniu i dodaj masło, czosnek, kminek, ostry sos, cukier, sok z cytryny oraz odrobinę soli i pieprzu. Gotuj przez 5 minut. Oddziel i ostudź.

Kurczaka wymieszać z solą i pieprzem i umieścić w 4 workach próżniowych wraz z marynatą. Odpowietrzyć metodą transferu wody, zamknąć worki i zanurzyć je w kąpieli wodnej. Piec 1 godzinę i 30 minut.

Gdy czas się skończy, wyjmij kurczaka i osusz go ręcznikiem kuchennym. Zarezerwuj połowę wody z gotowania w każdej torebce i umieść ją na patelni ustawionej na średnim ogniu. Gotuj, aż sos się zagotuje, następnie dodaj kurczaka i smaż przez 4 minuty. Wyjąć kurczaka i pokroić w plasterki. Podawać z ryżem.

Klasyczny kurczak Cordon Bleu

Przygotowanie + czas gotowania: 1 godzina i 50 minut + czas chłodzenia | Porcje: 4

Surowiec

½ szklanki masła
4 piersi z kurczaka bez kości i skóry
Sól i pieprz do smaku
1 łyżeczka pieprzu
4 ząbki czosnku, posiekane
8 plasterków szynki
8 plasterków sera Emmentaler

Instrukcje

Przygotuj bemar i włóż do niego sous vide. Ustaw na 141 F. Dopraw kurczaka solą i pieprzem. Przykryj plastikową folią i zwiń. Oddziel i ostudź.

Rozgrzej patelnię na średnim ogniu i dodaj trochę czarnego pieprzu, pieprzu cayenne, 1/4 szklanki masła i czosnku. Gotuj, aż masło się roztopi. Przełożyć do miski.

Natrzyj jedną stronę kurczaka mieszanką masła. Następnie dodać 2 plasterki szynki i 2 plasterki sera i przykryć. Każdą pierś zawiń w folię i włóż do lodówki na 2–3 godziny lub do zamrażarki na 20–30 minut.

Umieść mostek w dwóch zamkniętych próżniowo torebkach. Odpowietrzyć metodą transferu wody, zamknąć worki i zanurzyć je w kąpieli wodnej. Piec 1 godzinę i 30 minut.

Gdy licznik czasu się skończy, usuń piersi i usuń plastik. Na patelni rozgrzać resztę masła na średnim ogniu i smażyć kurczaka po 1-2 minuty z każdej strony.

Chrupiący domowy smażony kurczak

Przygotowanie + czas gotowania: 3 godziny i 20 minut | Porcje: 8)

Surowiec

½ łyżki suszonej bazylii

2 ¼ szklanki śmietanki

8 piersi z kurczaka

Sól i biały pieprz do smaku

½ szklanki oleju roślinnego

3 szklanki mąki

2 łyżki czosnku w proszku

1 ½ łyżki czerwonej papryki w proszku

1 łyżka suchej musztardy

Instrukcje

Przygotuj bemar i włóż do niego sous vide. Ustawić na 156 F. Posolić kurczaka i umieścić go w worku próżniowym. Odpowietrzyć metodą transferu wody, zamknąć i zanurzyć w łaźni wodnej. Gotuj przez 3 godziny. Gdy czas się skończy, wyjmij kurczaka i osusz go ręcznikiem kuchennym.

W misce wymieszaj sól, mąkę, czosnek w proszku, biały pieprz, czerwoną paprykę w proszku, musztardę, biały pieprz i bazylię. Krem przełożyć do drugiej miski.

Zanurzaj kurczaka w mieszance mącznej, następnie w śmietanie i ponownie w mieszance mącznej. Rozgrzej olej na patelni na średnim ogniu. Włóż wykałaczkę i smaż przez 3-4 minuty, aż będą chrupiące. Spotkać się.

przyprawiona pierś z kurczaka

Przygotowanie + czas gotowania: 1 godzina i 40 minut | Porcje: 4

Surowiec

½ szklanki sosu chili

2 łyżki masła

1 łyżka białego octu

1 łyżka octu szampańskiego

4 piersi z kurczaka przekrojone na pół

Sól i pieprz do smaku

Instrukcje

Przygotuj bemar i włóż do niego sous vide. Ustaw na 141F.

Rozgrzej patelnię na średnim ogniu i dodaj sos pieprzowy, 1 łyżkę masła i ocet. Gotuj, aż masło się roztopi. Odłóż to na bok.

Dopraw kurczaka solą i pieprzem i umieść go w dwóch zamykanych torebkach z mieszanką pieprzu. Odpowietrzyć metodą transferu wody, zamknąć worki i zanurzyć je w kąpieli wodnej. Piec 1 godzinę i 30 minut.

Gdy czas się skończy, wyjmij kurczaka i połóż go na blasze do pieczenia. Wyrzuć płyny kuchenne. Na patelni rozgrzej pozostałe masło i smaż kurczaka po 1 minucie z każdej strony. Pokroić w paski. Podawać z sałatką.

Wrap z sałatką z kurczaka, solą, pieprzem i imbirem

Przygotowanie + czas gotowania: 1 godzina i 45 minut | Porcje: 5

Surowiec

½ szklanki sosu hoisin

½ szklanki słodkiego sosu chili

3 łyżki sosu sojowego

2 łyżki startego imbiru

2 łyżki sproszkowanego imbiru

1 łyżka brązowego cukru

2 ząbki czosnku, posiekane

1 sok z cytryny

4 piersi z kurczaka pokrojone w kostkę

Sól i pieprz do smaku

12 liści sałaty, opłukanych

⅛ szklanki maku

4 szczypiorek

Instrukcje

Przygotuj bemar i włóż do niego sous vide. Ustaw na 141 F. Wymieszaj sos chili, imbir, sos sojowy, brązowy cukier, czosnek i połowę soku z cytryny. Rozgrzej patelnię na średnim ogniu i wlej mieszaninę. Gotuj przez 5 minut. Odłóż to na bok.

Piersi doprawiamy solą i pieprzem. Ułożyć równą warstwą w zamkniętej próżniowo torebce z mieszanką sosu chili. Odpowietrzyć metodą wypierania wody, zamknąć worek i zanurzyć go w kąpieli wodnej. Piec 1 godzinę i 30 minut.

Gdy czas się skończy, wyjmij kurczaka i osusz go ręcznikiem kuchennym. Wyrzuć płyny kuchenne. Sos hoisin wymieszać z kawałkami kurczaka i dobrze wymieszać. Zrób stos 6 liści sałaty.

Rozłóż kurczaka pomiędzy liście sałaty i przed zawinięciem posyp makiem i szczypiorkiem.

Pierś z kurczaka o smaku cytrynowym

Przygotowanie + czas gotowania: 1 godzina i 50 minut | Porcje: 4

Surowiec

3 łyżki masła

4 piersi z kurczaka bez kości i skóry

Sól i pieprz do smaku

Obierz i wyciśnij sok z 1 cytryny

¼ szklanki śmietanki

2 łyżki bulionu z kurczaka

1 łyżka posiekanych świeżych liści szałwii

1 łyżka oliwy z oliwek

3 ząbki czosnku, posiekane

1/4 szklanki posiekanej czerwonej cebuli

1 duża cytryna, pokrojona w cienkie plasterki

Instrukcje

Przygotuj bemar i włóż do niego sous vide. Ustaw na 141 F. Dopraw mostek solą i pieprzem.

Rozgrzej patelnię na średnim ogniu i dodaj sok i skórkę z cytryny, śmietanę, 2 łyżki masła, bulion z kurczaka, szałwię, oliwę z oliwek, czosnek i czerwoną cebulę. Gotuj, aż masło się roztopi. Umieść piersi w 2 workach próżniowych z mieszanką masła i cytryny. Dodaj plasterki cytryny. Wypuść powietrze metodą transferu wody, zamknij worki i zanurz się w wannie. Piec przez 90 minut.

Gdy minutnik się skończy, usuń piersi i osusz je ręcznikiem kuchennym. Wyrzuć płyny kuchenne. Na patelni rozgrzej resztę masła i smaż piersi po 1 minucie z każdej strony. Piersi pokroić w paski. Podawać z ryżem.

Kurczak z musztardą i czosnkiem

Przygotowanie + czas gotowania: 60 minut | Porcje: 5

Surowiec:

17 uncji piersi z kurczaka

1 łyżka musztardy Dijon

2 łyżki musztardy w proszku

2 łyżeczki sosu pomidorowego

3 łyżki masła

1 łyżeczka soli

3 łyżeczki mielonego czosnku

¼ szklanki sosu sojowego

Instrukcje:

Przygotuj bemar i włóż do niego sous vide. Ustaw na 150 F. Umieść wszystkie składniki w worku próżniowym i potrząśnij, aby połączyć. Odpowietrzyć metodą wypierania wody, zamknąć worek i zanurzyć go w łaźni wodnej. Ustaw timer na 50 minut. Gdy czas się skończy, wyjmij kurczaka i pokrój go w plasterki. Podawać na gorąco.

Cały kurczak

Przygotowanie + czas gotowania: 6 godzin i 40 minut | Porcje: 6

Surowiec:

1 cały kurczak średniej wielkości
3 ząbki czosnku
3 uncje posiekanej łodygi selera
3 łyżki musztardy
Sól i pieprz do smaku
1 łyżka masła

Instrukcje:

Przygotuj bemar i włóż do niego sous vide. Ustaw na 150 F. Połącz wszystkie składniki w worku próżniowym. Wypuścić powietrze metodą wyporu wody, zamknąć i zanurzyć worek w wannie. Ustaw timer na 6 godzin i 30 minut. Kiedy już to zrobisz, pozwól kurczakowi trochę ostygnąć przed pokrojeniem.

Pyszne skrzydełka z kurczaka z sosem bawolym

Przygotowanie + czas gotowania: 3 godziny | Porcje: 3

Surowiec

3-funtowe skrzydełka z kurczaka z kapłonami
2 ½ szklanki sosu bawolego
1 pęczek świeżej pietruszki

Instrukcje

Przygotuj bemar i włóż do niego sous vide. Ustaw na 148F.

Dopraw skrzydełka kapłona solą i pieprzem. Umieść w worku próżniowym z 2 szklankami sosu bawolego. Odpowietrzyć metodą wypierania wody, zamknąć worek i zanurzyć go w kąpieli wodnej. Gotuj przez 2 godziny. Rozgrzej piekarnik do smażenia.

Gdy czas się skończy, wyjmij skrzydełka i włóż je do miski. Wlać pozostały sos bawoly i dobrze wymieszać. Skrzydełka przekładamy na blachę wyłożoną folią aluminiową i polewamy je pozostałym sosem. Gotuj przez 10 minut, obracając przynajmniej raz. Udekorować natką pietruszki.

Pyszne udka z kurczaka ze słodkim sosem cytrynowym

Przygotowanie + czas gotowania: 14 godzin i 30 minut | Porcje: 8

Surowiec

¼ szklanki oliwy z oliwek

12 udek z kurczaka

4 posiekane czerwone papryki

6 posiekanych szczypiorków

4 ząbki czosnku, posiekane

1 uncja mielonego świeżego imbiru

½ szklanki sosu Worcestershire

¼ szklanki soku z cytryny

2 łyżki skórki cytrynowej

2 łyżki cukru

2 łyżki świeżych liści tymianku

1 łyżka pieprzu

Sól i pieprz do smaku

1 łyżeczka mielonego kokosa

Instrukcje

W robocie kuchennym umieść paprykę, cebulę, czosnek, imbir, sos Worcestershire, oliwę z oliwek, sok i skórkę z cytryny, cukier, tymianek, paprykę, sól, pieprz i gałkę muszkatołową. i wymieszaj. Zarezerwuj 1/4 szklanki sosu.

Umieść kurczaka i sos cytrynowy w zamykanej torebce. Usuń powietrze metodą transferu wody. Włożyć do lodówki i marynować przez 12 godzin.

Przygotuj bemar i włóż do niego sous vide. Ustaw na 152 F. Zamknij torbę i zanurz w łaźni wodnej. Gotuj przez 2 godziny. Gdy czas się skończy, wyjmij kurczaka i osusz go ręcznikiem kuchennym. Wyrzuć płyny kuchenne. Posmaruj kurczaka zarezerwowanym sosem cytrynowym. Rozgrzej patelnię na dużym ogniu i smaż kurczaka po 30 sekund z każdej strony.

Pierś z kurczaka z sosem cajun

Przygotowanie + czas gotowania: 1 godzina i 55 minut | Porcje: 4

Surowiec

2 łyżki masła
4 piersi z kurczaka bez kości i skóry
Sól i pieprz do smaku
1 łyżeczka kminku
½ szklanki marynaty do kurczaka Cajun

Instrukcje

Przygotuj bemar i włóż do niego sous vide. Ustaw na 141 F. Dopraw mostek solą i pieprzem i umieść go w dwóch zamkniętych próżniowo torebkach z sosem Cajun. Odpowietrzyć metodą transferu wody, zamknąć worki i zanurzyć je w kąpieli wodnej. Piec 1 godzinę i 30 minut.

Gdy licznik czasu się skończy, wyjmij kurczaka i osusz go. Wyrzuć płyny kuchenne. Na patelni na dużym ogniu rozgrzej masło i smaż pierś po 1 minucie z każdej strony. Pokrój piersi i podawaj.

Pierś z kurczaka Sriracha

Przygotowanie + czas gotowania: 1 godzina i 55 minut | Porcje: 4

Surowiec

8 łyżek masła, pokrojonego w kostkę

1 kg piersi z kurczaka bez kości i skóry

Sól i pieprz do smaku

1 łyżeczka kokosa

1 ½ szklanki sosu sriracha

Instrukcje

Przygotuj bemar i włóż do niego sous vide. Ustaw na 141F.

Dopraw piersi solą, gałką muszkatołową i czarnym pieprzem. Umieścić w dwóch workach próżniowych z sosem sriracha. Odpowietrzyć metodą transferu wody, zamknąć worki i zanurzyć je w kąpieli wodnej. Piec 1 godzinę i 30 minut.

Gdy czas się skończy, wyjmij kurczaka i osusz go ręcznikiem kuchennym. Wyrzuć płyny kuchenne. Na patelni na dużym ogniu rozgrzej masło i smaż piersi po 1 minucie z każdej strony. Piersi pokroić na małe kawałki.

Kurczak z curry i sosem pietruszkowym

Przygotowanie + czas gotowania: 2 godziny i 35 minut | Porcje: 4

Surowiec

4 piersi z kurczaka bez kości i skóry
Sól i pieprz do smaku
1 łyżka tymianku
1 łyżka natki pietruszki
5 szklanek maślanego sosu curry

Instrukcje

Przygotuj bemar i włóż do niego sous vide. Ustaw na 141F.

Kurczaka doprawić solą, tymiankiem, natką pietruszki i czarnym pieprzem. Umieścić w dwóch workach próżniowych z sosem. Odpowietrzyć metodą transferu wody, zamknąć worki i zanurzyć je w kąpieli wodnej. Piec 1 godzinę i 30 minut.

Gdy czas się skończy, wyjmij kurczaka i osusz go ręcznikiem kuchennym. Oszczędzaj wodę do gotowania. Rozgrzej patelnię na dużym ogniu i wlej wodę. Gotuj, aż się zredukuje, 10 minut. Kurczaka pokroić na kawałki i dodać do sosu. Gotuj przez 2-3 minuty. Natychmiast podawaj.

pierś z kurczaka z parmezanem

Przygotowanie + czas gotowania: 65 minut | Porcje: 4

Surowiec:

2 piersi z kurczaka, bez skóry i kości
1 ½ szklanki pesto bazyliowego
½ szklanki zmielonych orzechów makadamia
¼ szklanki startego parmezanu
3 łyżki oliwy z oliwek

Instrukcje:

Przygotuj podwójny bojler, dodaj sous vide i ustaw na 65 F. Pokrój kurczaka na kawałki wielkości kęsa i posyp pesto. Umieść kurczaka w dwóch oddzielnych workach próżniowych, tak aby nie nachodziły na siebie.

Wypuść powietrze metodą transferu wody i zamknij worki. Zanurz je w łaźni wodnej i ustaw timer na 50 minut. Gdy odliczanie się skończy, wyjmij torby i otwórz je.

Kawałki kurczaka przełóż na osączony talerz. Posypać orzechami makadamia i serem i szczelnie zamknąć. Postaw patelnię na dużym ogniu, dodaj oliwę z oliwek. Gdy olej będzie gorący, szybko smaż ubitego kurczaka po 1 minutę z każdej strony. Spuść olej. Podawać jako przystawkę.

mielony kurczak z pomidorami

Przygotowanie + czas gotowania: 100 minut | Porcje: 4

Surowiec:

1 kilogram mielonego kurczaka

2 łyżki koncentratu pomidorowego

¼ szklanki bulionu z kurczaka

¼ szklanki soku pomidorowego

1 łyżka cukru białego

1 łyżeczka tymianku

1 łyżka proszku cebulowego

½ łyżeczki tymianku

Instrukcje:

Przygotuj bemar i włóż do niego sous vide. Ustaw na 147F.

Wszystkie składniki oprócz kurczaka połączyć na patelni. Gotuj na średnim ogniu przez 2 minuty. Przełożyć do zamykanej torebki. Wypuścić powietrze metodą wyporu wody, zamknąć i zanurzyć worek w wannie. Piec przez 80 minut. Po zakończeniu wyjmij torebkę i pokrój ją. Podawać na gorąco.

Zapiekanka Z Kurczakiem I Pieczarkami

Przygotowanie + czas gotowania: 1 godzina i 5 minut | Porcje: 2

Surowiec:

2 średnie udka z kurczaka, bez skóry

½ szklanki posiekanych pomidorów pieczonych na ogniu

½ szklanki bulionu z kurczaka

1 łyżka koncentratu pomidorowego

½ szklanki posiekanych grzybów

1 średnia łodyga selera

1 mała posiekana marchewka

1 mała posiekana cebula

1 łyżka świeżej bazylii, drobno posiekanej

1 wyciśnięty ząbek czosnku

Sól i pieprz do smaku

Instrukcje:

Utwórz podwójny bojler, dodaj sous vide i ustaw na 129 F. Natrzyj uda solą i pieprzem. Odłóż to na bok. Pokrój łodygę selera na kawałki o długości 1/2 cala.

Teraz włóż mięso do dużej torby zamykanej na zamek razem z cebulą, marchewką, grzybami, łodygą selera i pieczonymi pomidorami. Zanurz zamkniętą torebkę w łaźni wodnej i ustaw timer na 45 minut.

Gdy czas się skończy, wyjmij torebkę z łaźni wodnej i otwórz ją. Mięso powinno łatwo oddzielić się od kości, dlatego należy je usunąć.

Na średniej patelni rozgrzej odrobinę oliwy i dodaj czosnek. Smaż krótko przez około 3 minuty, ciągle mieszając. Dodać zawartość torebki, bulion z kurczaka i koncentrat pomidorowy. Doprowadzić do wrzenia i zmniejszyć ogień do średniego. Gotuj przez kolejne 5 minut, od czasu do czasu mieszając. Podawać posypane bazylią.

Najłatwiejsza Pierś Z Kurczaka Bez Brązu

Przygotowanie + czas gotowania: 75 minut | Porcje: 3

Surowiec:

1 kg piersi z kurczaka bez kości
Sól i pieprz do smaku
1 łyżeczka czosnku w proszku

Instrukcje:

Utwórz podwójny bojler, dodaj sous vide i ustaw temperaturę na 150 F. Wytrzyj piersi z kurczaka do sucha i dopraw solą, czosnkiem w proszku i czarnym pieprzem. Kurczaka włóż do worka próżniowego, usuń powietrze metodą transferu wody i zamknij.

Włóż do wody i ustaw minutnik na gotowanie przez 1 godzinę. Gdy odliczanie się skończy, wyjmij torebkę i otwórz ją. Wyjmij kurczaka i pozostaw do ostygnięcia do późniejszego wykorzystania.

pomarańczowe udka z kurczaka

Przygotowanie + czas gotowania: 2 godziny | Porcje: 4

Surowiec:

2 kg udek z kurczaka

2 małe papryki, drobno posiekane

1 szklanka bulionu z kurczaka

1 posiekana cebula

½ szklanki świeżo wyciśniętego soku pomarańczowego

1 łyżeczka ekstraktu pomarańczowego, płynnego

2 łyżki oleju roślinnego

1 łyżeczka mieszanki przypraw do grilla

świeża natka pietruszki do dekoracji

Instrukcje:

Utwórz podwójny bojler, dodaj sous vide i ustaw na 167 F.

Rozgrzej olej na dużej patelni. Dodaj posiekaną cebulę i mieszaj na średnim ogniu przez 3 minuty, aż będzie przezroczysta.

Połącz sok pomarańczowy, paprykę i skórkę pomarańczową w robocie kuchennym. Pulsuj, aż dobrze się połączą. Wlać mieszaninę do rondla i zmniejszyć ogień. Gotuj na małym ogniu przez 10 minut.

Posmaruj kurczaka mieszanką przypraw do grilla i umieść go na patelni. Dodaj bulion z kurczaka i gotuj, aż połowa płynu odparuje. Wyjmij do dużej zamykanej torby i zamknij. Zanurz torebkę w łaźni wodnej i gotuj przez 45 minut. Gdy czas się skończy, wyjmij torebkę z łaźni wodnej i otwórz ją. Udekoruj świeżą natką pietruszki i podawaj.

Kurczak z Tymiankiem Cytrynowym

Przygotowanie + czas gotowania: 2 godziny i 15 minut | Porcje: 3

Surowiec:

3 udka z kurczaka
Sól i pieprz do smaku
3 plasterki cytryny
3 gałązki tymianku
3 łyżki oliwy z oliwek do smażenia

Instrukcje:

Utwórz podwójny bojler, dodaj sous vide i ustaw na 165 F. Dopraw kurczaka solą i pieprzem. Udekoruj plasterkami cytryny i gałązkami tymianku. Umieścić je w worku próżniowym, usunąć powietrze metodą wypierania wody i zamknąć worek. Zanurz go w worku z wodą i ustaw timer na 2 godziny.

Gdy odliczanie się skończy, wyjmij torebkę i otwórz ją. Rozgrzej oliwę z oliwek na żeliwnej patelni na dużym ogniu. Udka z kurczaka ułożyć skórą do dołu na patelni i smażyć na złoty kolor. Udekoruj dodatkowymi plasterkami cytryny. Podawać z ryżem kalafiorowym na boku.

Pikantna Sałatka Z Kurczakiem

Przygotowanie + czas gotowania: 1 godzina i 15 minut | Porcje: 4

Surowiec:

4 piersi z kurczaka, bez kości i skóry

¼ szklanki oleju roślinnego plus trzy łyżki do sałatki

1 średnia cebula, obrana i drobno posiekana

6 pomidorków koktajlowych przekrojonych na pół

Sól i pieprz do smaku

1 szklanka drobno posiekanej sałaty

2 łyżki świeżo wyciśniętego soku z cytryny

Instrukcje:

Utwórz podwójny bojler, dodaj sous vide i ustaw na 149 F.

Mięso dokładnie umyj w zimnej wodzie i osusz papierem kuchennym. Mięso pokroić na małe kawałki i umieścić w worku próżniowym z ¼ szklanki tłuszczu i zamknąć. Zanurz torbę w łaźni wodnej. Gdy licznik czasu się skończy, wyjmij kurczaka z torby, osusz go i ostudź do temperatury pokojowej.

Połącz cebulę, pomidora i sałatę w dużej misce. Na koniec dodać pierś z kurczaka i doprawić trzema łyżkami oliwy z oliwek, sokiem z cytryny i odrobiną soli. Udekorować jogurtem greckim i oliwkami. Jest to jednak opcjonalne. Podawać na zimno.

Cały kurczak

Przygotowanie + czas gotowania: 7 godzin i 15 minut | Porcje: 6

Surowiec:

1 (5 funtów) cały kurczak, nadziewany

5 szklanek bulionu z kurczaka

3 szklanki mieszanej papryki, posiekanej

3 szklanki posiekanego selera

3 szklanki posiekanego pora

1 ¼ łyżeczki soli

1 ¼ łyżeczki czarnego pieprzu

2 liście laurowe

Instrukcje:

Utwórz podwójny bojler, dodaj sous vide i ustaw na 150 F. Posolić kurczaka.

Umieść wszystkie wymienione składniki i kurczaka w dużej torbie zapinanej na zamek. Usuń powietrze i odkurz worek metodą transferu wody. Zanurz w łaźni wodnej i ustaw timer na 7 godzin.

Aby się wykąpać, należy przykryć wodę plastikowym workiem, aby ograniczyć parowanie i podlewać co 2 godziny. Gdy odliczanie się skończy, wyjmij torebkę i otwórz ją. Rozgrzej kapustę, ostrożnie wyjmij kurczaka i osusz. Połóż kurczaka na grillu i piecz, aż skórka będzie złocista. Odstaw kurczaka na 8 minut, pokrój i podawaj.

Proste pikantne udko z kurczaka

Przygotowanie + czas gotowania: 2 godziny i 55 minut | Porcje: 6

Surowiec:

1 funt udek z kurczaka z kością
3 łyżki masła
1 łyżka pieprzu
sól dla smaku

Instrukcje:

Utwórz podwójny bojler, dodaj sous vide i ustaw na 165 F. Dopraw kurczaka pieprzem i solą. Kurczaka włóż do worka próżniowego z łyżką masła. Odpowietrzyć metodą wypierania wody, zamknąć worek i zanurzyć go w kąpieli wodnej. Ustaw timer na 2 godziny i 30 minut.

Gdy odliczanie się skończy, wyjmij torebkę i otwórz ją. Rozgrzej grill i rozpuść pozostałe masło w kuchence mikrofalowej. Nasmaruj grill odrobiną masła i posmaruj kurczaka pozostałym masłem. Smażyć na złoty kolor. Podawać jako przekąskę.

Buffalo Chicken Wings

Przygotowanie + czas gotowania: 1 godzina i 20 minut | Porcje: 6

Surowiec:

3 kg skrzydełek z kurczaka

3 łyżeczki soli

2 łyżeczki mielonego czosnku

2 łyżki wędzonej papryki

1 łyżeczka cukru

½ szklanki gorącego sosu

5 łyżek masła

2 ½ szklanki mąki migdałowej

oliwa z oliwek do smażenia

Instrukcje:

Utwórz podwójny bojler, dodaj sous vide i ustaw na 144 F.

Wymieszaj skrzydełka, czosnek, sól, cukier i wędzoną paprykę. Obtocz kurczaka równomiernie. Umieścić w wytrzymałym worku próżniowym, usunąć powietrze metodą wypierania wody i zamknąć worek.

Zanurz się w wodzie. Ustaw timer na gotowanie przez 1 godzinę. Gdy odliczanie się skończy, wyjmij torebkę i otwórz ją. Do dużej miski wsypać mąkę, dodać kurczaka i wymieszać.

Na patelni rozgrzać olej, na średnim ogniu, smażyć kurczaka na złoty kolor. Odsuń się i odłóż na bok. Na drugiej patelni rozpuść masło i dodaj ostry sos. Skrzydełka pokroić z masłem i ostrym sosem. Podawać jako przystawkę

mielone burgery z kurczaka

Przygotowanie + czas gotowania: 3 godziny i 15 minut | Porcje: 5

Surowiec:

½ funta piersi z kurczaka bez kości i skóry

½ szklanki zmielonych orzechów makadamia

⅓ szklanki majonezu z oliwy z oliwek

3 zielone cebule drobno posiekane

2 łyżki soku z cytryny

Sól i pieprz do smaku

3 łyżki oliwy z oliwek

Instrukcje:

Przygotuj podwójny bojler, umieść w nim sous vide i ustaw temperaturę na 165 F. Umieść kurczaka w worku próżniowym, usuń powietrze metodą transferu wody i zamknij. Umieść torebkę w łaźni wodnej i ustaw timer na 3 godziny. Gdy odliczanie się skończy, wyjmij torebkę i otwórz ją.

Kurczaka rozdrobnij i włóż do miski z pozostałymi składnikami oprócz oliwy z oliwek. Mieszamy równomiernie i formujemy kulki do pieczenia. Rozgrzej oliwę z oliwek na patelni na średnim ogniu. Dodajemy ciasta i smażymy z obu stron na złoty kolor.

udka z kurczaka z puree z marchwi

Przygotowanie + czas gotowania: 60 minut | Porcje: 5

Surowiec:

2 kg udek z kurczaka
1 szklanka marchewki pokrojonej w cienkie plasterki
2 łyżki oliwy z oliwek
¼ szklanki posiekanej cebuli
2 szklanki bulionu z kurczaka
2 łyżki świeżej pietruszki, drobno posiekanej
2 wyciśnięte ząbki czosnku
Sól i pieprz do smaku

Instrukcje:

Utwórz podwójny bojler, ustaw sous vide na 167 F. Opłucz udka z kurczaka w zimnej wodzie i osusz papierem kuchennym. Odłóż to na bok.

W misce wymieszaj 1 łyżkę oliwy z oliwek, pietruszkę, sól i pieprz. Dobrze wymieszaj i obficie posmaruj ud powstałą mieszanką. Włóż do dużej torby z zamkiem błyskawicznym i dodaj bulion z kurczaka. Ściśnij torebkę, aby usunąć powietrze. Zamknij torebkę, umieść ją w łaźni wodnej i ustaw timer na 45 minut. Gdy odliczanie się skończy, wyjmij podudzia z torebki i osusz je. Zarezerwuj płyn do gotowania.

W międzyczasie przygotuj marchewki. Przełożyć do blendera i miksować na puree. Odłóż to na bok.

Rozgrzej pozostałą oliwę z oliwek na dużej patelni na średnim ogniu. Dodaj czosnek i cebulę i mieszaj przez około 1-2 minuty lub do uzyskania gładkiej konsystencji. Dodaj udka z kurczaka i smaż przez 2-3 minuty, od czasu do czasu obracając. Sprawdź, czy jest gotowe, dopraw do smaku i dodaj bulion. Doprowadzić do wrzenia i zdjąć z ognia. Udka przełóż na talerz, polej puree z marchwi i posyp natką pietruszki.

kurczak cytrynowo-miętowy

Przygotowanie + czas gotowania: 2 godziny i 40 minut | Porcje: 3

Surowiec:

1 kg udek z kurczaka, bez kości i skóry
¼ szklanki oleju
1 łyżka świeżo wyciśniętego soku z cytryny
2 zmiażdżone ząbki czosnku
1 łyżeczka imbiru
½ łyżeczki pieprzu
1 łyżeczka świeżej mięty, drobno posiekanej
½ łyżeczki soli

Instrukcje:

W małej misce wymieszaj oliwę z sokiem z cytryny, czosnkiem, mielonym imbirem, miętą, pieprzem cayenne i solą. Posmaruj obficie każde udo tą mieszanką i wstaw do lodówki na co najmniej 30 minut.

Wyjmij uda z lodówki. Umieścić w dużej zamykanej torbie i piec w temperaturze 149 F przez 2 godziny. Wyjmij z torebki wielokrotnego użytku i od razu podawaj ze szczypiorkiem.

Kurczak z konfiturą wiśniową

Przygotowanie + czas gotowania: 4 godziny i 25 minut | Porcje: 4

Surowiec

2 funty kurczaka z kością i skórą
4 łyżki dżemu wiśniowego
2 łyżki mielonego kokosa
Sól i pieprz do smaku

Instrukcje

Przygotuj bemar i włóż do niego sous vide. Ustawić na 172 F. Doprawić kurczaka solą i pieprzem i wymieszać z pozostałymi składnikami. Umieścić w szczelnej torbie. Odpowietrzyć metodą wypierania wody, zamknąć worek i zanurzyć go w kąpieli wodnej. Gotuj przez 4 godziny.

Gdy licznik czasu się skończy, wyjmij torebkę i połóż ją na blasze do pieczenia. Rozgrzej piekarnik do 450 F i piecz przez 10 minut, aż będą chrupiące. Przełożyć na talerz i podawać.

Słodko-pikantne paluszki z kurczaka

Przygotowanie + czas gotowania: 2 godziny i 20 minut | Porcje: 3

Surowiec:

½ łyżki cukru

½ szklanki sosu sojowego

2 ½ łyżeczki posiekanego imbiru

2 ½ łyżeczki mielonego czosnku

2 ½ łyżeczki pasty z czerwonej papryki

¼ funta małych piersi z kurczaka bez skóry

2 łyżki oliwy z oliwek

2 łyżki nasion sezamu do dekoracji

1 posiekana czerwona cebula do dekoracji

Sól i pieprz do smaku

Instrukcje:

Utwórz podwójny bojler, dodaj sous vide i ustaw na 165 F. Natrzyj kurczaka solą i pieprzem. Kurczaka włóż do worka próżniowego, usuń powietrze metodą transferu wody i zamknij.

Umieść torebkę w łaźni wodnej i ustaw timer na 2 godziny. Gdy odliczanie się skończy, wyjmij torebkę i otwórz ją. W misce wymieszaj pozostałe składniki oprócz oliwy z oliwek. Odłóż to na bok. Na patelni rozgrzej olej na średnim ogniu, dodaj kurczaka.

Gdy obie strony lekko się zarumienią, dodać sos i obtoczyć kurczaka. Gotuj przez 10 minut. Udekorować nasionami sezamu i cebulą. Podawać z ryżem kalafiorowym na boku.

faszerowana pierś z kurczaka

Przygotowanie + czas gotowania: 1 godzina i 15 minut | Porcje: 5

Surowiec:

2 funty piersi z kurczaka bez kości i skóry
2 łyżki świeżej pietruszki, drobno posiekanej
2 łyżki posiekanej świeżej bazylii
1 duże jajko
½ szklanki posiekanego szczypiorku
Sól i pieprz do smaku
2 łyżki oliwy z oliwek

Instrukcje:

Utwórz podwójny bojler, włóż sous vide i ustaw na 165 F. Dobrze umyj piersi z kurczaka i osusz papierem kuchennym. Posyp odrobiną soli i pieprzu i odłóż na bok.

W misce wymieszaj jajko, pietruszkę, bazylię i szczypiorek. Mieszaj, aż dobrze się połączą. Połóż piersi kurczaka na czystej powierzchni i wlej między nie masę jajeczną. Złóż, aby zakryć piersi. Umieść piersi w specjalnym worku próżniowym i naciśnij, aby usunąć powietrze. Zamknąć pokrywkę i umieścić w przygotowanej łaźni wodnej. Gotuj pod próżnią przez 1 godzinę. Gdy czas się skończy, wyjmij piersi z kurczaka. Rozgrzej olej na patelni na średnim ogniu. Dodać piersi z kurczaka i smażyć po 2 minuty z każdej strony.

szalony Kurczak

Przygotowanie + czas gotowania: 2 godziny i 40 minut | Porcje: 8

Surowiec:

1 pięciokilogramowy kurczak w całości

3 łyżki soku z cytryny

½ szklanki oliwy z oliwek

6 suszonych liści laurowych

2 łyżki zmielonego rozmarynu

3 łyżki suszonego tymianku

2 łyżki oleju kokosowego

¼ szklanki skórki cytrynowej

3 ząbki czosnku, posiekane

Sól i pieprz do smaku

Instrukcje:

Utwórz podwójny bojler, dodaj sous vide i ustaw na 149 F. Dobrze opłucz kurczaka pod zimną bieżącą wodą i osusz ręcznikiem kuchennym. Odłóż to na bok.

W małej misce wymieszaj oliwę z solą, sokiem z cytryny, suszonymi liśćmi laurowymi, rozmarynem i tymiankiem. Nadziewaj kurczaka plasterkami cytryny i tą mieszanką.

W drugiej misce wymieszaj olej kokosowy ze skórką cytryny i czosnkiem. Usuń skórę z kurczaka. Nałóż tę mieszaninę pod skórę i umieść ją w dużej plastikowej torbie. Pozostawić do ostygnięcia na 30 minut. Wyjmij z lodówki i włóż do dużej torby zapinanej na zamek. Umieść torebkę w łaźni wodnej i ustaw timer na 2 godziny.

Udka z kurczaka w stylu śródziemnomorskim

Przygotowanie + czas gotowania: 1 godzina i 40 minut | Porcje: 3

Surowiec:

1 kilogram udek z kurczaka

1 szklanka oliwy z oliwek

½ szklanki świeżo wyciśniętego soku z cytryny

½ szklanki drobno posiekanych liści pietruszki

3 zmiażdżone ząbki czosnku

1 łyżka pieprzu

1 łyżeczka suszonego tymianku

1 łyżeczka soli morskiej

Instrukcje:

Mięso opłucz pod zimną bieżącą wodą i odsącz na dużym durszlaku. W misce wymieszaj oliwę z sokiem z cytryny, posiekaną natką pietruszki, zmiażdżonym czosnkiem, pieprzem cayenne, tymiankiem i solą. Zanurz filety w tej mieszance i przykryj. Pozostawić do ostygnięcia na 30 minut.

Wyjmij mięso z lodówki i poczekaj, aż odcieknie. Umieścić w dużym pakowaczu próżniowym, zamknąć i gotować metodą sous vide w temperaturze 167 F przez godzinę.

Pierś z kurczaka z sosem harissa

Przygotowanie + czas gotowania: 65 minut | Porcje: 4

Surowiec

1 kg posiekanej piersi z kurczaka

1 łodyga świeżej trawy cytrynowej, posiekana

2 łyżki sosu rybnego

2 łyżki cukru kokosowego

sól dla smaku

1 łyżka sosu harissa

Instrukcje

Przygotuj bemar i włóż do niego sous vide. Ustaw na 149 F. Zmieszaj trawę cytrynową, sos rybny, cukier i sól w blenderze. Zamarynuj kurczaka w sosie i nabij szaszłykiem. Umieść go w worku próżniowym. Odpowietrzyć metodą wypierania wody, zamknąć worek i zanurzyć go w kąpieli wodnej. Piec 45 minut.

Gdy licznik czasu się zatrzyma, wyjmij torebkę i umieść ją w łaźni z zimną wodą. Wyjmij kurczaka i wymieszaj z sosem harissa. Rozgrzej patelnię na średnim ogniu i usmaż kurczaka. Spotkać się.

Kurczak z czosnkiem i grzybami

Przygotowanie + czas gotowania: 2 godziny i 15 minut | Porcje: 6

Surowiec:

2 funty udek z kurczaka bez skóry

1 funt grzybów cremini, pokrojonych w plasterki

1 szklanka bulionu z kurczaka

1 wyciśnięty ząbek czosnku

4 łyżki oliwy z oliwek

½ łyżeczki proszku cebulowego

½ łyżeczki suszonych liści szałwii

¼ łyżeczki pieprzu

Sól i pieprz do smaku

Instrukcje:

Uda dobrze umyj pod zimną bieżącą wodą. Osuszyć papierem kuchennym i oddzielić. Rozgrzej oliwę z oliwek na dużej patelni na średnim ogniu. Smaż udka z kurczaka po 2 minuty z każdej strony. Zdejmij z patelni i odłóż na bok.

Teraz dodaj czosnek i smaż na złoty kolor. Dodać grzyby, zalać bulionem i gotować aż do wrzenia. Zdejmij z patelni i odłóż na bok. Udka doprawić solą, pieprzem, papryką i proszkiem cebulowym. Umieścić w dużej torbie zapinanej na zamek razem z grzybami i szałwią. Zamknij torebkę i gotuj metodą sous vide w temperaturze 149 F przez 2 godziny.

udka z kurczaka z ziołami

Przygotowanie + czas gotowania: 4 godziny i 10 minut | Porcje: 4

Surowiec:

1 kilogram udek z kurczaka

1 szklanka oliwy z oliwek z pierwszego tłoczenia

¼ szklanki octu jabłkowego

3 zmiażdżone ząbki czosnku

½ szklanki świeżo wyciśniętego soku z cytryny

1 łyżka posiekanej świeżej bazylii

2 łyżki posiekanego świeżego tymianku

1 łyżka posiekanego świeżego rozmarynu

1 łyżeczka pieprzu

1 łyżeczka soli

Instrukcje:

Mięso opłucz pod zimną bieżącą wodą i umieść na dużym durszlaku, aby odciekło. Odłóż to na bok.

W dużej misce wymieszaj oliwę z octem jabłkowym, czosnkiem, sokiem z cytryny, bazylią, tymiankiem, rozmarynem, solą i pieprzem cayenne. Zanurz uda w tej mieszance i wstaw do lodówki na godzinę. Wyjmij mięso z marynaty i poczekaj, aż odcieknie. Umieść w dużej torbie zapinanej na zamek i gotuj metodą sous vide w temperaturze 149 F przez 3 godziny.

Pudding z kurczaka z sercami karczochów

Przygotowanie + czas gotowania: 1 godzina i 30 minut | Porcje: 3

Surowiec:

1 kg piersi z kurczaka, bez kości i skóry
2 średniej wielkości karczochy
2 łyżki masła
2 łyżki oliwy z oliwek z pierwszego tłoczenia
1 cytryna, sok
Garść świeżych liści pietruszki, drobno posiekanych
Sól i pieprz do smaku
½ łyżeczki pieprzu

Instrukcje:

Mięso dobrze myjemy i osuszamy papierem kuchennym. Mięso pokroić ostrym nożem kuchennym na małe kawałki i usunąć kości. Nacieramy oliwą i odstawiamy.

Rozgrzej patelnię na średnim ogniu. Zmniejsz ogień lekko do średniego i dodaj mięso. Smaż przez 3 minuty z każdej strony, aż uzyskasz złoty kolor. Zdejmij z ognia i przenieś do dużej torby zapinanej na zamek. Zamknij torebkę i gotuj metodą sous vide w temperaturze 149 F przez godzinę.

W międzyczasie przygotuj karczochy. Przekrój cytrynę na pół i wyciśnij sok do małej miski. Podziel sok na pół i odłóż na bok. Za pomocą ostrego noża odetnij zewnętrzne liście, aż staną się żółte i delikatne. Odetnij zieloną skórkę wokół nasady karczocha i gotuj na parze. Pamiętaj, aby usunąć „włosy" wokół karczochów. Nie są jadalne, więc je wyrzuć.

Pokrój serca karczochów na kawałki o wielkości 1/2 cala. Natrzyj sokiem z połowy cytryny i włóż do garnka o grubym dnie. Dodaj tyle wody, aby przykryła i gotuj, aż będzie całkowicie miękka. Zdejmij z ognia i odcedź. Lekko ostudzić w temperaturze pokojowej. Każdy kawałek pokroić w cienkie paski.

Teraz wymieszaj karczoch i mięso z kurczaka w dużej misce. Dodać sól, pieprz i pozostały sok z cytryny. Rozpuść masło na średnim ogniu i polej budyń. Posypać pieprzem i podawać.

Sałatka Dyniowa Z Kurczakiem I Migdałami

Przygotowanie + czas gotowania: 1 godzina i 15 minut | Porcje: 2

Surowiec

6 piersi z kurczaka

4 szklanki posiekanej i pieczonej dyni

4 szklanki pomidorów z rukolą

4 łyżki posiekanych migdałów

1 sok z cytryny

2 łyżki oliwy z oliwek

4 łyżki posiekanej czerwonej cebuli

1 łyżka czerwonej papryki

1 łyżka szafranu

1 łyżka kminku

sól dla smaku

Instrukcje

Przygotuj bemar i włóż do niego sous vide. Ustaw na 138F.

Umieść kurczaka i wszystkie przyprawy w zamykanej torebce. Dobrze wstrząsnąć. Odpowietrzyć metodą wypierania wody, zamknąć worek i zanurzyć go w kąpieli wodnej. Piec przez 60 minut.

Gdy licznik czasu się skończy, wyjmij torebkę i przenieś ją na gorącą patelnię. Smaż przez 1 minutę z każdej strony. Pozostałe składniki wymieszaj w misce. Podawać z kurczakiem na wierzchu.

Sałatka z kurczakiem i orzechami włoskimi

Przygotowanie + czas gotowania: 2 godziny i 20 minut | Porcje: 4

Surowiec

2 piersi z kurczaka bez kości i skóry

Sól i pieprz do smaku

1 łyżka oleju kukurydzianego

1 jabłko, wydrążone i posiekane

1 łyżeczka soku z cytryny

½ szklanki białych winogron, przekrojonych na pół

1 łodyga posiekanego selera

1/3 szklanki majonezu

2 łyżeczki wina Chardonnay

1 łyżeczka musztardy Dijon

1 główka sałaty

½ szklanki prażonych i posiekanych orzechów włoskich

Instrukcje

Przygotuj bemar i włóż do niego sous vide. Ustaw na 146F.

Umieść kurczaka w worku próżniowym i dopraw solą i pieprzem. Odpowietrzyć metodą wypierania wody, zamknąć worek i zanurzyć go w kąpieli wodnej. Gotuj przez 2 godziny.

Gdy czas się skończy, wyjmij torebkę i wyrzuć płyny z gotowania. W dużej misce wymieszaj plasterki jabłka z sokiem z cytryny. Dodaj seler i białe winogrona. Dobrze wymieszaj.

W drugiej misce wymieszaj majonez, musztardę Dijon i wino Chardonnay. Powstałą mieszaniną wylewamy owoce i dobrze mieszamy. Kurczaka posiekaj, włóż do średniej miski, dodaj sól i dobrze wymieszaj. Umieść kurczaka w salaterce. Sałatę ułożyć w salaterkach i położyć na wierzchu. Udekoruj orzechami laskowymi.

Mięso kraba z sosem z oliwy cytrynowej

Przygotowanie + czas gotowania: 70 minut | Porcje: 4

Surowiec

6 ząbków czosnku, posiekanych
½ skórki i soku z cytryny
1 funt mięsa kraba
4 łyżki masła

Instrukcje

Przygotuj bemar i włóż do niego sous vide. Ustaw na 137 F. Dobrze wymieszaj połowę czosnku, skórkę z cytryny i połowę soku z cytryny. Odłóż to na bok. Umieść mieszankę mięsa krabowego, masła i cytryny w zamykanej torebce. Odpowietrzyć metodą wypierania wody, zamknąć worek i zanurzyć go w kąpieli wodnej. Piec przez 50 minut. Wyjmij torebkę, gdy licznik czasu się zatrzyma. Wyrzuć płyny kuchenne.

Rozgrzej patelnię na średnim ogniu i wlej pozostałe masło, pozostałą mieszaninę cytryny i pozostały sok z cytryny. Kraba podawaj na 4 sposoby, skrop oliwą cytrynową.

północny łosoś szybki

Przygotowanie + czas gotowania: 30 minut | Porcje: 4

Surowiec

1 łyżka oliwy z oliwek

4 filety z łososia ze skórą

Sól i pieprz do smaku

Obierz i wyciśnij sok z 1 cytryny

2 łyżki musztardy żółtej

2 łyżeczki oleju sezamowego

Instrukcje

Przygotuj bemar i włóż do niego sous vide. Ustaw na 114 F. Dopraw łososia solą i pieprzem. Wymieszaj skórkę i sok z cytryny, olej i musztardę. Umieść mieszaninę łososia i musztardy w 2 workach próżniowych. Wypuść powietrze metodą transferu wody, zamknij worki i zanurz się w wannie. Piec przez 20 minut. Na patelni rozgrzej olej sezamowy. Gdy czas się skończy, wyjmij łososia i osusz. Przełóż łososia na patelnię i smaż po 30 sekund z każdej strony.

Pyszny pstrąg z musztardą i sosem tamari

Przygotowanie + czas gotowania: 35 minut | Porcje: 4

Surowiec

¼ szklanki oliwy z oliwek

4 filety z pstrąga, bez skóry i pokrojone w plasterki

½ szklanki sosu tamari

¼ szklanki jasnego brązowego cukru

2 ząbki czosnku, posiekane

1 łyżka musztardy Coleman

Instrukcje

Przygotuj bemar i włóż do niego sous vide. Ustaw na 130 F. Połącz sos tamari, brązowy cukier, oliwę z oliwek i czosnek. Umieść pstrąga w zamykanej torbie z mieszanką tamari. Odpowietrzyć metodą wypierania wody, zamknąć worek i zanurzyć go w kąpieli wodnej. Piec przez 30 minut.

Gdy timer się skończy, wyjmij pstrąga i osusz go ręcznikiem kuchennym. Wyrzuć płyny kuchenne. Podawać udekorowane sosem tamari i musztardą.

Tuńczyk sezamowy z sosem imbirowym

Przygotowanie + czas gotowania: 45 minut | Porcje: 6

Surowiec:

Dunaj:

3 steki z tuńczyka

Sól i pieprz do smaku

⅓ szklanki oliwy z oliwek

2 łyżki oleju rzepakowego

½ szklanki czarnego sezamu

½ szklanki białego sezamu

sos imbirowy:

1-calowy starty imbir

2 posiekane szalotki

1 posiekana czerwona papryka

3 łyżki wody

sok z 2 ½ cytryny

1 ½ łyżki octu ryżowego

2 ½ łyżki sosu sojowego

1 łyżka sosu rybnego

1 ½ łyżki cukru

1 pęczek liści zielonej sałaty

Instrukcje:

Zacznij od sosu: postaw mały rondelek na małym ogniu i dodaj oliwę z oliwek. Gdy będzie gorące, dodaj imbir i pieprz. Gotuj przez 3 minuty, dodaj cukier i ocet, wymieszaj i gotuj, aż cukier się rozpuści. Dodaj wodę i zagotuj. Dodaj sos sojowy, sos rybny i sok z cytryny i gotuj przez 2 minuty. Odstawić do ostygnięcia.

Utwórz podwójny bojler, umieść w nim sous vide i ustaw go na 30°C. Dopraw tuńczyka solą i pieprzem i umieść go w 3 oddzielnych workach próżniowych. Dodajemy oliwę z oliwek, odpowietrzamy torebkę metodą transferu wody, zamykamy i zanurzamy torebkę w łaźni wodnej. Ustaw timer na 30 minut.

Gdy odliczanie się skończy, wyjmij torebkę i otwórz ją. Zarezerwuj tuńczyka. Postaw patelnię na małym ogniu i dodaj olej rzepakowy. Podczas podgrzewania wymieszaj w misce nasiona sezamu. Tuńczyka osusz, posyp sezamem i smaż na rozgrzanym oleju, aż nasiona zaczną się rumienić z góry i z dołu.

Tuńczyka pokroić w cienkie paski. Ułóż na talerzu sałatkę, a do salaterki włóż tuńczyka. Podawać z sosem imbirowym jako przystawkę.

Boska Roladka Krabowa Z Cytryną i Czosnkiem

Przygotowanie + czas gotowania: 60 minut | Porcje: 4

Surowiec

4 łyżki masła

1 funt gotowanego mięsa kraba

2 ząbki czosnku, posiekane

Obierz i wyciśnij sok z ½ cytryny

½ szklanki majonezu

1 posiekana bulwa kopru włoskiego

Sól i pieprz do smaku

4 podzielone bułki, natłuszczone i opieczone

Instrukcje

Przygotuj bemar i włóż do niego sous vide. Ustaw na 137 F. Połącz czosnek, skórkę z cytryny i 1/4 szklanki soku z cytryny. Umieść mięso kraba w worku próżniowym wraz z mieszanką masła i cytryny. Odpowietrzyć metodą wypierania wody, zamknąć worek i zanurzyć go w kąpieli wodnej. Piec przez 50 minut.

Gdy czas się skończy, wyjmij torebkę i umieść ją w misce. Wyrzuć płyny kuchenne. Wymieszaj mięso kraba z pozostałym sokiem z cytryny, majonezem, koprem włoskim, koperkiem, solą i pieprzem. Przed podaniem napełnij bułki mieszanką mięsa krabowego.

Pikantna ośmiornica z sosem cytrynowym

Przygotowanie + czas gotowania: 4 godziny i 15 minut | Porcje: 4

Surowiec

5 łyżek oliwy z oliwek

1-funtowe macki ośmiornicy

Sól i pieprz do smaku

2 łyżki soku z cytryny

1 łyżka skórki cytrynowej

1 łyżka posiekanej świeżej natki pietruszki

1 łyżeczka tymianku

1 łyżka czerwonej papryki

Instrukcje

Przygotuj bemar i włóż do niego sous vide. Ustaw na 179 F. Przytnij macki do średniej długości. Doprawić solą i pieprzem. Długie kawałki z oliwą z oliwek umieść w worku próżniowym. Odpowietrzyć metodą wypierania wody, zamknąć worek i zanurzyć go w kąpieli wodnej. Gotuj przez 4 godziny.

Gdy minutnik się skończy, wyjmij ośmiornicę i osusz ją ręcznikiem kuchennym. Wyrzuć płyny kuchenne. Skropić oliwą z oliwek.

Rozgrzej grill na średnim ogniu i smaż macki przez 10-15 sekund z każdej strony. Odłóż to na bok. Dokładnie wymieszaj sok z cytryny, skórkę z cytryny, czerwoną paprykę, tymianek i pietruszkę. Posmaruj ośmiornicę sosem cytrynowym.

Kreolskie szaszłyki z krewetek

Przygotowanie + czas gotowania: 50 minut | Porcje: 4

Surowiec

Obierz i wyciśnij sok z 1 cytryny

6 łyżek masła

2 ząbki czosnku, posiekane

Sól i biały pieprz do smaku

1 łyżka przyprawy kreolskiej

1,5 funta krewetek, oczyszczonych

1 łyżka posiekanego świeżego koperku + do dekoracji

słoiki z cytryną

Instrukcje

Przygotuj bemar i włóż do niego sous vide. Ustaw na 137F.

Rozpuść masło na patelni na średnim ogniu, dodaj czosnek, przyprawę kreolską, skórkę i sok z cytryny, sól i pieprz. Gotuj przez 5 minut, aż masło się rozpuści. Oddziel i ostudź.

Umieść krewetki w worku próżniowym z mieszanką masła. Odpowietrzyć metodą wypierania wody, zamknąć worek i zanurzyć go w kąpieli wodnej. Piec przez 30 minut.

Gdy czas się skończy, wyjmij krewetki i osusz je ręcznikiem kuchennym. Wyrzuć płyny kuchenne. Do kapusty wrzucić krewetki, udekorować koperkiem i odrobiną cytryny.

Krewetki z pikantnym sosem

Przygotowanie + czas gotowania: 40 minut + czas chłodzenia | Porcje: 5

Surowiec

2 funty krewetek, przyciętych i obranych
1 szklanka koncentratu pomidorowego
2 łyżki sosu chrzanowego
1 łyżeczka soku z cytryny
1 łyżeczka sosu Tabasco
Sól i pieprz do smaku

Instrukcje

Przygotuj bemar i włóż do niego sous vide. Ustaw na 137 F. Umieść krewetki w worku próżniowym. Wypuścić powietrze metodą wyporu wody, zamknąć i zanurzyć worek w wannie. Piec przez 30 minut.

Gdy licznik czasu się zatrzyma, wyjmij torebkę i umieść ją w łaźni lodowo-wodnej na 10 minut. Pozostawić do ostygnięcia w lodówce przez 1 do 6 godzin. Dokładnie wymieszaj koncentrat pomidorowy, sos chrzanowy, sos sojowy, sok z cytryny, sos Tabasco, sól i pieprz. Podawać krewetki z sosem.

Sola z szalotką i estragonem

Przygotowanie + czas gotowania: 50 minut | Porcje: 2

Surowiec:

2 kg filetów z soli

3 gałązki liści estragonu

1 łyżeczka czosnku w proszku

1 łyżeczka proszku cebulowego

Sól i biały pieprz do smaku

2 ½ łyżeczki + 2 łyżeczki masła

2 szalotki, obrane i przekrojone na pół

2 gałązki tymianku

Plasterki cytryny do dekoracji

Instrukcje:

Przygotuj podwójny bojler, dodaj sous vide i nastaw na 124 F. Filety z halibuta przekrój na 3 części i natrzyj solą, czosnkiem w proszku, cebulą w proszku i czarnym pieprzem. Umieść filet, estragon i 2 ½ łyżeczki masła w 3 oddzielnych workach próżniowych. Wypuść powietrze metodą transferu wody i zamknij worki. Umieścić w bemarze i gotować przez 40 minut.

Gdy odliczanie się skończy, wyjmij torby i otwórz je. Postaw patelnię na małym ogniu i dodaj resztę masła. Gdy jest gorąco, obierz śliwki i osusz je. Dodaj solę ze szczypiorkiem i tymiankiem i smaż na złoty kolor z góry i z dołu. Udekorować plasterkami cytryny. Podawać z gotowanymi na parze warzywami na boku.

Dorsz z masłem cytrynowo-ziołowym

Przygotowanie + czas gotowania: 37 minut | Porcje: 6

Surowiec

8 łyżek masła

6 filetów z dorsza

Sól i pieprz do smaku

½ skórki cytryny

1 łyżka posiekanego świeżego koperku

½ łyżki posiekanej świeżej kolendry

½ łyżki posiekanej świeżej bazylii

½ łyżki posiekanej świeżej szałwii

Instrukcje

Przygotuj bemar i włóż do niego sous vide. Ustaw na 134 F. Dodaj sól i pieprz do dorsza. Umieść dorsza i skórkę z cytryny w worku próżniowym.

Umieść masło, połowę koperku, szczypiorek, bazylię i szałwię w osobnej torebce zapinanej na zamek. Wypuścić powietrze metodą wypierania wody, zamknąć i zanurzyć oba worki w kąpieli wodnej. Piec przez 30 minut.

Gdy minutnik się skończy, wyjmij dorsza i osusz go ręcznikiem kuchennym. Wyrzuć płyny kuchenne. Usuń masło z drugiego arkusza ciasta i połóż je na dorszu. Udekoruj pozostałym koperkiem.

Grouper z Beurre Nantais

Przygotowanie + czas gotowania: 45 minut | Porcje: 6

Surowiec:

<u>Grupnik:</u>

Partia 2-funtowa, pokrojona na 3 części każda

1 łyżeczka kminku w proszku

½ łyżeczki czosnku w proszku

½ łyżeczki proszku cebulowego

½ łyżeczki sproszkowanej kolendry

¼ szklanki przyprawy do ryb

¼ szklanki oleju z orzechów włoskich

Sól i biały pieprz do smaku

<u>Bourre Blanc:</u>

1 funt masła

2 łyżki octu jabłkowego

2 posiekane szalotki

1 łyżeczka zmielonego czarnego pieprzu

5 uncji ciężkiej śmietany,

sól dla smaku

2 gałązki koperku

1 łyżka soku z cytryny

1 łyżka sproszkowanej kurkumy

Instrukcje:

Przygotuj podwójny bojler, włóż do niego sous vide i ustaw na 132 F. Dopraw kawałki granika solą i białym pieprzem. Umieścić w worku próżniowym, odpowietrzyć metodą transferu wody, zamknąć i zanurzyć worek w łaźni wodnej. Ustaw timer na 30 minut. Wymieszaj kminek, czosnek, cebulę, kolendrę i przyprawę do ryb. Odłóż to na bok.

W międzyczasie przygotuj beurre blanc. Postaw patelnię na średnim ogniu i dodaj szczypiorek, ocet i czarny pieprz. Gotuj do uzyskania syropu. Zmniejsz ogień i dodaj masło, ciągle mieszając. Dodać koperek, sok z cytryny i kurkumę, ciągle mieszając, i gotować przez 2 minuty. Dodać śmietanę i doprawić solą. Gotuj przez 1 minutę. Wyłącz ogień i odłóż na bok.

Gdy odliczanie się skończy, wyjmij torebkę i otwórz ją. Postaw patelnię na średnim ogniu, dodaj olej z orzechów włoskich. Kości osuszamy, doprawiamy mieszanką przypraw i smażymy na bardzo gorącym oleju. Podawaj granika i beurre nantais z gotowanym na parze szpinakiem.

chipsy z tuńczyka

Przygotowanie + czas gotowania: 1 godzina i 45 minut | Porcje: 4

Surowiec:

¼ funta steku z tuńczyka

1 łyżeczka liści rozmarynu

1 łyżeczka liści tymianku

2 szklanki oliwy z oliwek

1 ząbek posiekanego czosnku

Instrukcje:

Przygotuj podwójny bojler, włóż do sous vide i ustaw temperaturę na 135 F. Umieść stek z tuńczyka, sól, rozmaryn, czosnek, tymianek i dwie łyżki oliwy z oliwek w worku próżniowym. Odpowietrzyć metodą wypierania wody, zamknąć worek i zanurzyć go w kąpieli wodnej. Ustaw timer na 1 godzinę i 30 minut.

Wyjmij torebkę, gdy licznik czasu się zatrzyma. Tuńczyka włóż do miski i odłóż na bok. Postaw patelnię na dużym ogniu, dodaj pozostały olej. Polać jeszcze gorącym tuńczykiem. Rozdrobnij tuńczyka dwoma widelcami. Przełożyć i przechowywać w szczelnym pojemniku z oliwą z oliwek przez maksymalnie tydzień. Podawać w sałatkach.

przegrzebki z masłem

Przygotowanie + czas gotowania: 55 minut | Porcje: 3

Surowiec:

½ funta przegrzebków
3 łyżki masła (2 łyżki do smażenia + 1 łyżka do smażenia)
Sól i pieprz do smaku

Instrukcje:

Zrób kąpiel wodną, dodaj sous vide i ustaw na 140 F. Wytrzyj przegrzebki do sucha ręcznikami papierowymi. W worku próżniowym umieść przegrzebki, sól, 2 łyżki masła i pieprz. Wypuścić powietrze metodą transferu wody, zamknąć i zanurzyć torebkę w łaźni wodnej, ustawić timer na 40 minut.

Gdy odliczanie się skończy, wyjmij torebkę i otwórz ją. Przegrzebki osusz ręcznikiem papierowym i odłóż na bok. Postaw patelnię na średnim ogniu i resztę masła. Po rozpuszczeniu smaż przegrzebki z obu stron na złoty kolor. Podawać z maślanymi warzywami na boku.

miętowa sardynka

Przygotowanie + czas gotowania: 1 godzina i 20 minut | Porcje: 3

Surowiec:

2 kilogramy sardynek
¼ szklanki oliwy z oliwek
3 zmiażdżone ząbki czosnku
1 duża cytryna, świeży sok
2 gałązki świeżej mięty
Sól i pieprz do smaku

Instrukcje:

Umyj i oczyść każdą rybę, ale zachowaj skórę. Osuszyć papierowym ręcznikiem.

W dużej misce wymieszaj oliwę z czosnkiem, sokiem z cytryny, świeżą miętą, solą i pieprzem. Umieść sardynki wraz z marynatą w dużej torbie zapinanej na zamek. Piec w łaźni wodnej w temperaturze 104 F przez godzinę. Wyjmij z wanny i odcedź, ale sos zachowaj. Posmaruj rybę sosem i porami gotowanymi na parze.

Cebula morska w białym winie

Przygotowanie + czas gotowania: 2 godziny | Porcje: 2

Surowiec:

1 funt okonia morskiego, o grubości około 1 cala, oczyszczony
1 szklanka oliwy z oliwek z pierwszego tłoczenia
1 cytryna, sok
1 łyżka cukru
1 łyżka suszonego rozmarynu
½ łyżki suszonego tymianku
2 zmiażdżone ząbki czosnku
½ kieliszka białego wina
1 łyżeczka soli morskiej

Instrukcje:

W dużej misce wymieszaj oliwę z sokiem z cytryny, cukrem, rozmarynem, tymiankiem, rozgniecionym czosnkiem, winem i solą. Włóż rybę do tej mieszanki i pozostaw ją w marynacie w lodówce na około godzinę. Wyjąć z lodówki i odcedzić, zachowując płyn do podania. Filety włóż do dużej torby zamykanej na zamek i zamknij. Gotuj sous vide w temperaturze 122 F przez 40 minut. Skrop filety pozostałą marynatą i podawaj.

Sałatka z łososia i jarmużu z awokado

Przygotowanie + czas gotowania: 1 godzina | Porcje: 3

Surowiec:

1 kg filetu z łososia bez skóry

Sól i pieprz do smaku

½ organicznej cytryny, wyciśniętej sokiem

1 łyżka oliwy z oliwek

1 szklanka posiekanych liści jarmużu

½ szklanki pieczonej marchewki, pokrojonej w plasterki

½ dojrzałego awokado, pokrojonego w drobną kostkę

1 łyżka świeżego koperku

1 łyżka świeżych liści pietruszki

Instrukcje:

Dopraw stek solą i pieprzem z obu stron i włóż go do dużej torby zapinanej na zamek. Zamknąć torebkę i gotować pod próżnią w temperaturze 122 F przez 40 minut. Wyjmij łososia z łaźni wodnej i odłóż na bok.

W misce wymieszaj sok z cytryny, szczyptę soli i czarnego pieprzu i stopniowo dodawaj oliwę z oliwek, ciągle mieszając. Dodać starty jarmuż i dobrze wymieszać z winegretem. Dodać prażoną marchewkę, awokado, koperek i natkę pietruszki. Delikatnie wymieszaj do połączenia. Przełóż do miski i podawaj z łososiem na wierzchu.

łosoś imbirowy

Przygotowanie + czas gotowania: 45 minut | Porcje: 4

Surowiec:

4 filety z łososia ze skórą
2 łyżeczki oleju sezamowego
1 ½ oliwy z oliwek
2 łyżki startego imbiru
2 łyżki cukru

Instrukcje:

Utwórz podwójny bojler, umieść w nim sous vide i ustaw na 124F. Łososia doprawiamy solą i pieprzem. Pozostałe składniki umieścić w misce i wymieszać.

Umieść mieszaninę łososia i cukru w dwóch zamykanych próżniowo torebkach, usuń powietrze poprzez wyparcie wody, zamknij i zanurz torebkę w łaźni wodnej. Ustaw timer na 30 minut.

Gdy odliczanie się skończy, wyjmij torebkę i otwórz ją. Postaw patelnię na średnim ogniu, podłóż papier do pieczenia i dobrze podgrzej. Dodaj łososia, skórą do dołu i smaż każdy po 1 minucie. Podawać z brokułami posmarowanymi masłem.

Małże w świeżym soku z cytryny

Przygotowanie + czas gotowania: 40 minut | Porcje: 2

Surowiec:

1 funt świeżych małży, łuskanych

1 średnia cebula, obrana i drobno posiekana

zmiażdżone ząbki czosnku

½ szklanki świeżo wyciśniętego soku z cytryny

¼ szklanki świeżej pietruszki, drobno posiekanej

1 łyżka posiekanego rozmarynu

2 łyżki oliwy z oliwek

Instrukcje:

Umieść małże, sok z cytryny, czosnek, cebulę, pietruszkę, rozmaryn i oliwę z oliwek w dużej zamykanej torebce. Gotuj sous vide w temperaturze 122 F przez 30 minut. Podawać z zieloną sałatą.

Filet z tuńczyka marynowany z warzywami

Przygotowanie + czas gotowania: 1 godzina i 25 minut | Porcje: 5

Surowiec:

2 funty steków z tuńczyka, o grubości około 1 cala

1 łyżeczka suszonego tymianku, zmielonego

1 łyżeczka posiekanej świeżej bazylii

¼ szklanki posiekanej szalotki

2 łyżki świeżej pietruszki, drobno posiekanej

1 łyżka świeżego koperku, drobno posiekanego

1 łyżeczka świeżo startej skórki z cytryny

½ szklanki nasion sezamu

4 łyżki oliwy z oliwek

Sól i pieprz do smaku

Instrukcje:

Filety z tuńczyka umyj pod zimną bieżącą wodą i osusz papierem kuchennym. Odłóż to na bok.

W dużej misce wymieszaj tymianek, bazylię, szalotkę, pietruszkę, koper, oliwę z oliwek, sól i pieprz. Mieszaj, aż składniki dobrze się połączą, a następnie zanurz steki w marynacie. Szczelnie przykryj i wstaw do lodówki na 30 minut.

Umieść steki i marynatę w dużej torbie zapinanej na zamek. Ściśnij torebkę, aby usunąć powietrze i zamknij pokrywkę. Gotuj metodą sous vide w temperaturze 131 stopni przez 40 minut.

Wyjmij filety z torebki i przenieś je na papier kuchenny. Delikatnie osusz i usuń chwasty. Rozgrzej patelnię na dużym ogniu. Filety posypujemy sezamem i przekładamy na patelnię. Smaż przez 1 minutę z każdej strony i zdejmij z ognia.

ciasteczka krabowe

Przygotowanie + czas gotowania: 65 minut | Porcje: 4

Surowiec:

1 funt mięsa kraba

1 szklanka drobno posiekanej czerwonej cebuli

½ szklanki posiekanej czerwonej papryki

2 łyżki posiekanej papryczki chilli

1 łyżka liści selera, drobno posiekanych

1 łyżka drobno posiekanych liści pietruszki

½ łyżeczki posiekanego estragonu

Sól i pieprz do smaku

4 łyżki oliwy z oliwek

2 łyżki mąki migdałowej

3 jajecznica

Instrukcje:

Na patelni rozgrzej 2 łyżki oliwy z oliwek i dodaj cebulę. Mieszaj, aż będzie przezroczysty i dodaj pokruszoną czerwoną paprykę i pieprz. Gotuj przez 5 minut, ciągle mieszając.

Przełożyć do dużego naczynia. Dodać mięso krabowe, seler, pietruszkę, estragon, sól, pieprz, mąkę migdałową i jajka. Dobrze wymieszaj i uformuj z powstałej masy placki o średnicy 5 cm. Ostrożnie podziel ciastka pomiędzy 2 worki próżniowe i zamknij. Gotuj sous vide w temperaturze 122 F przez 40 minut.

Rozgrzej pozostały olej na patelni z powłoką nieprzywierającą na dużym ogniu. Wyjmij ciasta z łaźni wodnej i przenieś je na blachę do pieczenia. Lekko smażymy po 3-4 minuty z obu stron i podajemy.

zapach pieprzu

Przygotowanie + czas gotowania: 1 godzina i 15 minut | Porcje: 5

Surowiec:

1 funt świeżego stopu

½ szklanki soku z cytryny

3 zmiażdżone ząbki czosnku

1 łyżeczka soli

1 szklanka oliwy z oliwek z pierwszego tłoczenia

2 łyżki świeżego koperku, drobno posiekanego

1 łyżka posiekanej kolendry

1 łyżka pieprzu, mielonego

Instrukcje:

Roztwór przepłukać pod zimną bieżącą wodą i odcedzić. Odłóż to na bok.

W dużej misce wymieszaj oliwę z sokiem z cytryny, rozgniecionym czosnkiem, solą morską, posiekanym koperkiem, posiekanym szczypiorkiem i czerwoną papryką. Dodaj roztopione składniki do tej mieszanki i przykryj. Pozostawić do ostygnięcia na 20 minut.

Wyjmij z lodówki i włóż ogórki do dużej torby zapinanej na zamek. Sous vide w temperaturze 104 F przez 40 minut. Wyjąć z łaźni wodnej i odcedzić, zachowując płyn.

Rozgrzej dużą patelnię na średnim ogniu. Dodać śliwki i krótko smażyć, obracając, przez 3-4 minuty. Zdjąć z ognia i przenieść na talerz. Rozsmaruj marynatę i natychmiast podawaj.

Marynowany filet z suma

Przygotowanie + czas gotowania: 1 godzina i 20 minut | Porcje: 3

Surowiec:

1 kg filetu z suma

½ szklanki soku z cytryny

½ szklanki drobno posiekanych liści pietruszki

2 zmiażdżone ząbki czosnku

1 szklanka posiekanej cebuli

1 łyżka świeżego koperku, drobno posiekanego

1 łyżka świeżych liści rozmarynu, drobno posiekanych

2 szklanki świeżo wyciśniętego soku jabłkowego

2 łyżki musztardy Dijon

1 szklanka oliwy z oliwek z pierwszego tłoczenia

Instrukcje:

W dużej misce wymieszaj sok z cytryny, liście pietruszki, rozgnieciony czosnek, drobno posiekaną cebulę, świeży koper, rozmaryn, sok jabłkowy, musztardę i oliwę z oliwek. Ubijaj, aż dobrze się połączą. Zanurz filety w tej mieszance i przykryj szczelnie przylegającą pokrywką. Pozostawić do ostygnięcia na 30 minut.

Wyjmij z lodówki i umieść w 2 workach próżniowych. Przykryj sous vide i gotuj w temperaturze 122 F przez 40 minut. Wyjąć i odcedzić; oszczędzaj płyn. Podawać z płynem.

Krewetki cytrynowo-pietruszkowe

Przygotowanie + czas gotowania: 35 minut | Porcje: 4

Surowiec:

12 dużych krewetek, obranych i oczyszczonych
1 łyżeczka soli
1 łyżeczka cukru
3 łyżeczki oliwy z oliwek
1 liść laurowy
1 gałązka posiekanej natki pietruszki
2 łyżki skórki cytrynowej
1 łyżka soku z cytryny

Instrukcje:

Przygotuj podwójny bojler, dodaj sous vide i ustaw na 156 F. Dodaj krewetki, sól i cukier do miski, wymieszaj i odstaw na 15 minut. Umieść krewetki, liście laurowe, oliwę z oliwek i skórkę z cytryny w zamykanej torebce. Odpowietrzyć metodą transferu wody i uszczelnić. Zanurz się w wannie i gotuj przez 10 minut. Gdy odliczanie się skończy, wyjmij torebkę i otwórz ją. Krewetki pokroić i skropić sokiem z cytryny.

Halibut sous vide

Przygotowanie + czas gotowania: 1 godzina i 20 minut | Porcje: 4

Surowiec:

1 funt filetu z halibuta
3 łyżki oliwy z oliwek
¼ szklanki posiekanej cebuli
1 łyżeczka świeżo startej skórki z cytryny
½ łyżeczki suszonego tymianku, zmielonego
1 łyżka świeżej natki pietruszki, drobno posiekanej
1 łyżeczka świeżego koperku, posiekanego
Sól i pieprz do smaku

Instrukcje:

Rybę umyj pod zimną bieżącą wodą i osusz papierem kuchennym. Pokrój w cienkie plasterki i obficie posyp solą i pieprzem. Umieść go w dużej torbie zapinanej na zamek i dodaj dwie łyżki oliwy z oliwek. Doprawiamy cebulą, tymiankiem, natką pietruszki, koperkiem, solą i pieprzem.

Ściśnij torebkę, aby usunąć powietrze i zamknij pokrywkę. Wstrząśnij torebką, aby wszystkie filety pokryły się przyprawą i wstaw do lodówki na 30 minut przed gotowaniem. Gotuj sous vide w temperaturze 131 F przez 40 minut.

Wyjmij torebkę z wody i pozwól jej lekko ostygnąć. Ułożyć na papierze kuchennym i odsączyć. Usuń zioła.

Rozgrzej pozostałą oliwę z oliwek na dużej patelni na dużym ogniu. Dodaj filety i smaż przez 2 minuty. Obróć filety i smaż przez około 35-40 sekund, a następnie zdejmij z ognia. Przenieś rybę z powrotem na ręcznik papierowy i strząśnij nadmiar oleju. Natychmiast podawaj.

olejek cytrynowy

Przygotowanie + czas gotowania: 45 minut | Porcje: 3

Surowiec:

3 panele słoneczne

1 ½ łyżki niesolonego masła

¼ szklanki soku z cytryny

½ łyżeczki skórki z cytryny

pieprz cytrynowy do smaku

1 gałązka natki pietruszki do dekoracji

Instrukcje:

Przygotuj podwójny bojler, dodaj sous vide i ustaw na 132 F. Wysusz podstawę i umieść w 3 oddzielnych, zamykanych próżniowo torebkach. Wypuść powietrze metodą transferu wody i zamknij worki. Zanurz w łaźni wodnej i ustaw timer na 30 minut.

Postaw małą patelnię na średnim ogniu i dodaj masło. Gdy się rozpuści, zdejmij go z pieca. Dodać sok i skórkę z cytryny i wymieszać.

Gdy odliczanie się skończy, wyjmij torebkę i otwórz ją. Filety z tofu przełóż na talerze, polej sosem maślanym i udekoruj natką pietruszki. Podawać z gotowanymi na parze zielonymi warzywami na boku.

Dorsz z bazylią

Przygotowanie + czas gotowania: 50 minut | Porcje: 4

Surowiec:

1 kg filetu z dorsza
1 szklanka pomidorów pieczonych na ogniu
1 łyżka suszonej bazylii
1 szklanka bulionu rybnego
2 łyżki koncentratu pomidorowego
3 łodygi selera, drobno posiekane
1 pokrojona w plasterki marchewka
¼ szklanki oliwy z oliwek
1 posiekana cebula
½ szklanki grzybów

Instrukcje:

Rozgrzej oliwę z oliwek na dużej patelni na średnim ogniu. Dodać seler, cebulę i marchewkę. Mieszaj przez 10 minut. Zdjąć z ognia i przenieść do worka próżniowego wraz z pozostałymi składnikami. Gotuj sous vide w temperaturze 122 F przez 40 minut.

łatwa tilapia

Przygotowanie + czas gotowania: 1 godzina i 10 minut | Porcje: 3

Surowiec

3 (4 uncje) filety z tilapii
3 łyżki masła
1 łyżka octu jabłkowego
Sól i pieprz do smaku

Instrukcje:

Przygotuj podwójny bojler, włóż do niego Sous Vide i ustaw na 124 F. Dopraw tilapię pieprzem i solą i umieść w worku próżniowym. Wypuść powietrze metodą transferu wody i zamknij worek. Zanurz w łaźni wodnej i ustaw timer na 1 godzinę.

Gdy odliczanie się skończy, wyjmij torebkę i otwórz ją. Postaw patelnię na średnim ogniu i dodaj masło i ocet. Doprowadzić do wrzenia, ciągle mieszając, aby zredukować ilość octu o połowę. Dodać tilapię i lekko podsmażyć. Dodać sól i pieprz do smaku. Podawać razem z warzywami posmarowanymi masłem.

łosoś ze szparagami

Przygotowanie + czas gotowania: 3 godziny i 15 minut | Porcje: 6

Surowiec:

1 kg filetu z dzikiego łososia

1 łyżka oliwy z oliwek

1 łyżka suszonego tymianku

12 średniej wielkości szparagów

4 ząbki czosnku

1 łyżka świeżej pietruszki

Sól i pieprz do smaku

Instrukcje:

Posyp stek z obu stron tymiankiem, solą i pieprzem i lekko posmaruj oliwą z oliwek.

Umieścić w dużej, szczelnie zamkniętej próżni wraz z pozostałymi składnikami. Wszystkie przyprawy wymieszaj w misce. Rozłóż mieszaninę równomiernie po obu stronach steku i umieść w dużej torbie zapinanej na zamek. Zamknij torebkę i gotuj metodą sous vide w temperaturze 136 F przez 3 godziny.

curry z makreli

Przygotowanie + czas gotowania: 55 minut | Porcje: 3

Surowiec:

3 filety z makreli, bez głowy
3 łyżki pasty curry
1 łyżka oliwy z oliwek
Sól i pieprz do smaku

Instrukcje:

Utwórz podwójny bojler, dodaj sous vide i ustaw temperaturę na 120 F. Dopraw makrelę pieprzem i solą i umieść w worku próżniowym. Wypuścić powietrze metodą wypierania wody, zamknąć i zanurzyć w łaźni wodnej i ustawić timer na 40 minut.

Gdy odliczanie się skończy, wyjmij torebkę i otwórz ją. Postaw patelnię na średnim ogniu, dodaj oliwę z oliwek. Makrelę posyp curry (nie susz makreli)

Gdy będzie już gorąca, dodaj makrelę i smaż na złoty kolor. Podawać z gotowaną na parze zieleniną obok.

kalmary z rozmarynem

Przygotowanie + czas gotowania: 1 godzina i 15 minut | Porcje: 3

Surowiec:

1 kilogram świeżych kalmarów w całości
½ szklanki oliwy z oliwek z pierwszego tłoczenia
1 łyżka różowej soli himalajskiej
1 łyżka suszonego rozmarynu
3 zmiażdżone ząbki czosnku
3 pomidorki koktajlowe przekrojone na pół

Instrukcje:

Każdą kałamarnicę dobrze umyj pod bieżącą wodą. Za pomocą ostrego noża usuń głowy i oczyść każdą kałamarnicę.

W dużej misce wymieszaj oliwę z solą, suszonym rozmarynem, pomidorkami koktajlowymi i przeciśniętym czosnkiem. Włóż kalmary do tej mieszanki i pozostaw w lodówce na 1 godzinę. Następnie wyjąć i odsączyć. Umieść kalmary i pomidorki koktajlowe w dużej zamykanej torbie. Gotuj sous vide w temperaturze 136 F przez godzinę.

Smażone Krewetki Z Cytryną

Przygotowanie + czas gotowania: 50 minut | Porcje: 3

Surowiec:

1 kg krewetek obranych i oczyszczonych
3 łyżki oliwy z oliwek
½ szklanki świeżo wyciśniętego soku z cytryny
1 wyciśnięty ząbek czosnku
1 łyżeczka świeżego rozmarynu, zmiażdżonego
1 łyżeczka soli morskiej

Instrukcje:

Oliwę wymieszaj z sokiem z cytryny, przeciśniętym przez praskę czosnkiem, rozmarynem i solą. Za pomocą szczotki kuchennej rozprowadź mieszaninę na każdej krewetce i umieść ją w dużej torbie zapinanej na zamek. Gotuj sous vide w temperaturze 104 F przez 40 minut.

Ośmiornica na grillu

Przygotowanie + czas gotowania: 5 godzin i 20 minut | Porcje: 3

Surowiec:

½ funta średnich macek ośmiornicy, blanszowanych

Sól i pieprz do smaku

3 łyżeczki + 3 łyżki oliwy z oliwek

2 łyżeczki suszonego tymianku

2 gałązki posiekanej świeżej natki pietruszki

Lód do kąpieli lodowej

Instrukcje:

Utwórz podwójny bojler, dodaj sous vide i ustaw na 171 F.

Do worka próżniowego włóż ośmiornicę, sól, 3 łyżki oliwy z oliwek i pieprz. Odpowietrzyć metodą wypierania wody, zamknąć worek i zanurzyć go w łaźni wodnej. Ustaw timer na 5 godzin.

Gdy licznik czasu się zatrzyma, wyjmij torebkę i przykryj łaźnią lodową. Odłóż to na bok. Rozgrzej grill.

Gdy grill będzie już gorący, połóż ośmiornicę na talerzu, dodaj 3 łyżki oliwy i natrzyj. Grilluj ośmiornicę z obu stron na złoty kolor. Udekoruj ośmiornicą, natką pietruszki i tymiankiem. Podawać z sosem słodko-ostrym.

filet z dzikiego łososia

Przygotowanie + czas gotowania: 1 godzina i 25 minut | Porcje: 4

Surowiec:

2 kg filetów z dzikiego łososia

3 zmiażdżone ząbki czosnku

1 łyżka świeżego rozmarynu, drobno posiekanego

1 łyżka świeżo wyciśniętego soku z cytryny

1 łyżka świeżo wyciśniętego soku pomarańczowego

1 łyżeczka skórki pomarańczowej

1 łyżeczka różowej soli himalajskiej

1 szklanka bulionu rybnego

Instrukcje:

Sok pomarańczowy wymieszać z sokiem z cytryny, rozmarynem, czosnkiem, skórką pomarańczową i solą. Posmaruj mieszanką każdy stek i wstaw do lodówki na 20 minut. Przełożyć do dużej zamykanej torby i dodać bulion rybny. Zamknij torebkę i gotuj metodą sous vide w temperaturze 131 F przez 50 minut.

Rozgrzej dużą patelnię z powłoką nieprzywierającą. Wyjmij steki z worka próżniowego i grilluj przez 3 minuty z każdej strony, aż się lekko zwęgli.

gulasz z tilapii

Przygotowanie + czas gotowania: 65 minut | Porcje: 3

Surowiec:

1 kg filetu z tilapii

½ szklanki posiekanej cebuli

1 szklanka drobno posiekanej marchewki

½ szklanki liści kolendry, drobno posiekanych

3 ząbki czosnku, drobno posiekane

1 szklanka posiekanej zielonej papryki

1 łyżeczka mieszanki przypraw włoskich

1 łyżeczka pieprzu

½ łyżeczki pieprzu

1 szklanka świeżego soku pomidorowego

Sól i pieprz do smaku

3 łyżki oliwy z oliwek

Instrukcje:

Rozgrzej oliwę z oliwek na średnim ogniu. Dodaj posiekaną cebulę i mieszaj, aż będzie przezroczysta.

Teraz dodaj paprykę, marchewkę, czosnek, kolendrę, przyprawę włoską, pieprz cayenne, sól i pieprz. Dobrze wymieszaj i gotuj przez kolejne dziesięć minut.

Zdjąć z ognia i przenieść do dużej zamykanej torby zawierającej sok pomidorowy i filety z tilapii. Gotuj sous vide w temperaturze 122 F przez 50 minut. Wyjąć z łaźni wodnej i podawać.

Ciasteczka maślane z czarnym pieprzem

Przygotowanie + czas gotowania: 1 godzina i 30 minut | Porcje: 2

Surowiec:

4 uncje konserw w puszkach

¼ szklanki wytrawnego białego wina

1 łodyga selera pokrojona w kostkę

1 posiekana natka pietruszki

1 kwadratowa szalotka

1 liść laurowy

1 łyżka czarnego pieprzu

1 łyżka oliwy z oliwek

8 łyżek masła w temperaturze pokojowej

1 łyżka posiekanej świeżej natki pietruszki

2 ząbki czosnku, posiekane

sól dla smaku

1 łyżeczka świeżo zmielonego czarnego pieprzu

¼ szklanki bułki tartej Panko

1 pokrojona bagietka

Instrukcje:

Przygotuj bemar i włóż do niego sous vide. Ustaw na 154 F. Umieść cukinię, szalotkę, seler, pasternak, wino, czarny pieprz, oliwę z oliwek i liść laurowy w worku próżniowym. Odpowietrzyć metodą wypierania wody, zamknąć worek i zanurzyć go w kąpieli wodnej. Piec przez 60 minut.

W blenderze dodaj masło, pietruszkę, sól, czosnek i mielony pieprz. Mieszaj na średniej prędkości, aż składniki się połączą. Umieść mieszaninę w plastikowej torbie i zwiń ją. Umieścić w lodówce i pozostawić do ostygnięcia.

Gdy licznik czasu się skończy, usuń ślimaki i warzywa. Wyrzuć płyny kuchenne. Rozgrzej patelnię na dużym ogniu. Ciasta smarujemy masłem, posypujemy odrobiną bułki tartej i pieczemy 3 minuty, aż się roztopią. Podawać z ciepłymi plasterkami bagietki.

pstrąg kolendrowy

Przygotowanie + czas gotowania: 60 minut | Porcje: 4

Surowiec:

2 funty pstrąga, 4 sztuki

5 ząbków czosnku

1 łyżka soli morskiej

4 łyżki oliwy z oliwek

1 szklanka liści kolendry, drobno posiekanych

2 łyżki posiekanego rozmarynu

¼ szklanki świeżo wyciśniętego soku z cytryny

Instrukcje:

Rybę dokładnie oczyść i opłucz. Osuszyć papierem kuchennym i natrzeć solą. Wymieszaj czosnek z oliwą, kolendrą, rozmarynem i sokiem z cytryny. Powstałą mieszanką nafaszeruj każdą rybę. Umieścić w osobnym worku próżniowym i zamknąć. Gotuj sous vide w temperaturze 131 F przez 45 minut.

pierścienie kalmarów

Przygotowanie + czas gotowania: 1 godzina i 25 minut | Porcje: 3

Surowiec:

2 szklanki krążków kalmarów
1 łyżka świeżego rozmarynu
Sól i pieprz do smaku
½ szklanki oliwy z oliwek

Instrukcje:

Połącz krążki kalmarów z rozmarynem, solą, pieprzem i oliwą z oliwek w dużej, czystej plastikowej torbie. Zamknij torebkę i potrząśnij kilka razy, aby dobrze się pokryła. Przełóż do dużej zamykanej próżniowo torby i zamknij. Gotuj sous vide w temperaturze 131 F przez 1 godzinę i 10 minut. Wyjąć z łaźni wodnej i podawać.

Sałatka Z Krewetek Z Papryką I Awokado

Przygotowanie + czas gotowania: 45 minut | Porcje: 4

Surowiec:

1 posiekana czerwona cebula

sok z 2 cytryn

1 łyżeczka oliwy z oliwek

¼ łyżeczki soli morskiej

⅛ łyżeczki białego pieprzu

1 kilogram surowych krewetek, obranych i oczyszczonych

1 pokrojony pomidor

1 awokado pokrojone w kostkę

1 zielona papryka, pozbawiona nasion i posiekana

1 łyżka posiekanej kolendry

Instrukcje:

Przygotuj bemar i włóż do niego sous vide. Ustaw na 148F.

Umieść sok z cytryny, czerwoną cebulę, sól morską, biały pieprz, oliwę z oliwek i krewetki w worku próżniowym. Odpowietrzyć metodą wypierania wody, zamknąć worek i zanurzyć go w kąpieli wodnej. Piec 24 minuty.

Gdy licznik czasu się zatrzyma, wyjmij torebkę i umieść ją w łaźni lodowo-wodnej na 10 minut. W misce połącz pomidory, awokado, zieloną paprykę i kolendrę. Na wierzch wysypać zawartość torebki.

Snapper z masłem i szafranowym sosem cytrusowym

Przygotowanie + czas gotowania: 55 minut | Porcje: 4

Surowiec

4 oczyszczone okonie morskie
2 łyżki masła
Sól i pieprz do smaku

Do sosu cytrusowego

1 cytryna
1 grejpfrut
1 cytryna
3 pomarańcze
1 łyżeczka musztardy Dijon
2 łyżki oleju rzepakowego
1 żółta cebula
1 cukinia w kostkę
1 łyżeczka nitki szafranowej
1 łyżeczka siekanego pieprzu
1 łyżka cukru
3 szklanki bulionu rybnego
3 łyżki posiekanej kolendry

Instrukcje

Przygotuj bemar i włóż do niego sous vide. Ustaw na 132 F. Dopraw filety rybne solą i pieprzem i umieść je w worku próżniowym. Odpowietrzyć metodą wypierania wody, zamknąć worek i zanurzyć go w kąpieli wodnej. Piec przez 30 minut.

Owoce obierz i pokrój w kostkę. Na patelni rozgrzej oliwę na średnim ogniu i dodaj cebulę i cukinię. Smaż przez 2-3 minuty. Dodać owoce, szafran, pieprz, musztardę i cukier. Gotuj przez kolejną 1 minutę. Dodaj bulion rybny i gotuj przez 10 minut. Udekorować kolendrą i odstawić. Gdy czas się skończy, wyjmij rybę i połóż ją na talerzu. Skropić sosem szafranowo-cytrusowym i podawać.

Filet z dorsza w panierce sezamowej

Przygotowanie + czas gotowania: 45 minut | Porcje: 2

Surowiec

1 duży filet z dorsza

2 łyżki pasty sezamowej

1 ½ łyżki brązowego cukru

2 łyżki sosu rybnego

2 łyżki masła

ziarenka sezamu

Instrukcje

Przygotuj bemar i włóż do niego sous vide. Ustaw na 131F.

Zanurzaj dorsza w mieszance brązowego cukru, pasty sezamowej i sosu rybnego. Umieścić w szczelnej torbie. Odpowietrzyć metodą wypierania wody, zamknąć worek i zanurzyć go w kąpieli wodnej. Piec przez 30 minut. Rozpuść masło na patelni na średnim ogniu.

Gdy minutnik się skończy, wyjmij dorsza, włóż go na patelnię i smaż przez 1 minutę. Wylać na talerz. Do garnka wlej wodę z gotowania i gotuj, aż woda odparuje. Dodać 1 łyżkę masła i wymieszać. Dorsza polej sosem i udekoruj ziarnami sezamu. Podawać z ryżem.

Kremowy łosoś ze szpinakiem i sosem musztardowym

Przygotowanie + czas gotowania: 55 minut | Porcje: 2

Isurowiec

4 filety z łososia bez skóry
1 duży pęczek szpinaku
½ szklanki musztardy Dijon
1 szklanka śmietany
1 szklanka pół na pół śmietanki
1 łyżka soku z cytryny
Sól i pieprz do smaku

Instrukcje

Przygotuj bemar i włóż do niego sous vide. Ustaw na 115 F. Umieść solonego łososia w worku próżniowym. Odpowietrzyć metodą wypierania wody, zamknąć worek i zanurzyć go w kąpieli wodnej. Piec 45 minut.

Rozgrzej patelnię na średnim ogniu i smaż szpinak, aż zmięknie. Zmniejsz ogień i dodaj sok z cytryny, czarny pieprz i sól. Gotuj dalej. Rozgrzej patelnię na średnim ogniu i dodaj pół na pół śmietanki oraz musztardę Dijon. Zmniejsz ogień i gotuj na wolnym ogniu. Doprawić solą i pieprzem. Gdy minutnik się skończy, wyjmij łososia i połóż go na talerzu. Posmaruj sosem. Podawać ze szpinakiem.

Przegrzebki z czerwonej papryki ze świeżą sałatką

Przygotowanie + czas gotowania: 55 minut | Porcje: 4

Surowiec

1 funt przegrzebków

1 łyżeczka czosnku w proszku

½ łyżeczki proszku cebulowego

½ łyżeczki czerwonej papryki

¼ łyżeczki pieprzu

Sól i pieprz do smaku

<u>Sałatka</u>

3 szklanki ziaren kukurydzy

½ litra pomidorków koktajlowych przekrojonych na pół

1 posiekana czerwona papryka

2 łyżki posiekanej świeżej pietruszki

<u>ubioru</u>

1 łyżka świeżej bazylii

1 ćwiartka cytryny

Instrukcje

Przygotuj bemar i włóż do niego sous vide. Ustaw na 122F.

Umieść przegrzebki w zamykanej torbie. Doprawić solą i pieprzem. W misce wymieszaj proszek czosnkowy, paprykę, proszek cebulowy i pieprz cayenne. Wlać do niego. Odpowietrzyć metodą wypierania wody, zamknąć worek i zanurzyć go w kąpieli wodnej. Piec przez 30 minut.

W międzyczasie rozgrzej piekarnik do 400 F. Umieść ziarna kukurydzy i czerwoną paprykę na blasze do pieczenia. Skropić oliwą z oliwek i doprawić solą i pieprzem. Gotuj przez 5 do 10 minut. Przełożyć do miski i wymieszać z natką pietruszki. Składniki sosu dokładnie wymieszaj w misce i posyp ziarnami kukurydzy.

Gdy licznik czasu się skończy, wyjmij torebkę i przenieś ją na gorącą patelnię. Smaż po 2 minuty z każdej strony. Podawać na talerzu, przegrzebki i sałatkę. Udekorować bazylią i plasterkami cytryny.

Pikantne Przegrzebki Z Mango

Przygotowanie + czas gotowania: 50 minut | Porcje: 4

Surowiec

1 funt dużych przegrzebków

1 łyżka masła

Nurkować

1 łyżka soku z cytryny

2 łyżki oliwy z oliwek

Do dekoracji

1 łyżka skórki cytrynowej

1 łyżka skórki pomarańczowej

1 szklanka pokrojonego mango

1 papryczka serrano, pokrojona w cienkie plasterki

2 łyżki posiekanych liści mięty

Instrukcje

Umieść przegrzebki w zamykanej torbie. Doprawić solą i pieprzem. Pozostawić do ostygnięcia w lodówce na noc. Przygotuj bemar i włóż do niego sous vide. Ustawić na 122 F. Wypuścić powietrze metodą wypierania wody, zamknąć i zanurzyć torbę w łaźni wodnej. Piec 15-35 minut.

Rozgrzej patelnię na średnim ogniu. Dobrze wymieszaj składniki w misce. Gdy licznik czasu się skończy, wyjmij przegrzebki, przenieś je na patelnię i smaż na złoty kolor. Wylać na talerz. Polać sosem i dodać dodatki.

Szczypiorek i krewetki z sosem musztardowym

Przygotowanie + czas gotowania: 1 godzina i 20 minut | Porcje: 4

Isurowiec

6 porów
5 łyżek oliwy z oliwek
Sól i pieprz do smaku
1 posiekana szalotka
1 łyżka octu ryżowego
1 łyżeczka musztardy Dijon
1/3 funta gotowanych krewetek
posiekana świeża pietruszka

Instrukcje

Przygotuj bemar i włóż do niego sous vide. Ustaw na 183F.

Odetnij górę pora i usuń dół. Umyj w zimnej wodzie i skrop 1 łyżką oliwy z oliwek. Doprawić solą i pieprzem. Umieścić w szczelnej torbie. Odpowietrzyć metodą wypierania wody, zamknąć worek i zanurzyć go w kąpieli wodnej. Gotuj przez 1 godzinę.

W międzyczasie, aby przygotować sos winegret, w misce połącz szalotkę, musztardę Dijon, ocet i 1/4 szklanki oliwy z oliwek. Doprawić solą i pieprzem. Gdy licznik czasu się zatrzyma, wyjmij torebkę i umieść ją w łaźni lodowo-wodnej. Ostudzić. Pory ułożyć na 4 talerzach i doprawić solą. Dodaj krewetki i skrop sosem winegret. Udekorować natką pietruszki.

Zupa krewetkowa z kokosem

Przygotowanie + czas gotowania: 55 minut | Porcje: 6

Surowiec

8 dużych surowych krewetek, obranych i oczyszczonych
1 łyżka masła
Sól i pieprz do smaku

na zupę
1 kilogram cukinii
4 łyżki soku z cytryny
2 posiekane żółte cebule
1-2 małe czerwone papryki, posiekane
1 łodyga trawy cytrynowej, tylko biała część, posiekana
1 łyżeczka pasty krewetkowej
1 łyżeczka cukru
1 ½ szklanki mleka kokosowego
1 łyżeczka pasty z tamaryndowca
1 szklanka wody
½ szklanki kremu kokosowego
1 łyżka sosu rybnego
2 łyżki posiekanej świeżej bazylii

Instrukcje

Przygotuj bemar i włóż do niego sous vide. Ustaw na 142 F. Umieść krewetki i masło w worku próżniowym. Doprawić solą i pieprzem. Odpowietrzyć metodą wypierania wody, zamknąć worek i zanurzyć go w kąpieli wodnej. Piec 15-35 minut.

W międzyczasie obierz cukinię i usuń nasiona. Kroić w kostkę. W robocie kuchennym dodaj cebulę, trawę cytrynową, pieprz, pastę krewetkową, cukier i 1/2 szklanki mleka kokosowego. Mieszaj, aż powstanie puree.

Rozgrzej patelnię na małym ogniu i dodaj mieszaninę cebuli, pozostałe mleko kokosowe, pastę tamaryndowca i wodę. Dodaj cukinię i gotuj przez 10 minut.

Gdy czas się skończy, wyjmij krewetki i przenieś je do zupy. Wymieszaj śmietankę kokosową, sok z cytryny i bazylię. Podawać w miskach do zupy.

Łosoś miodowy z makaronem soba

Przygotowanie + czas gotowania: 40 minut | Porcje: 4

Surowiec

Łosoś

6-uncjowy filet z łososia ze skórą

Sól i pieprz do smaku

1 łyżeczka oleju sezamowego

1 szklanka oliwy z oliwek

1 łyżka startego świeżego imbiru

2 łyżki miodu

piec sezamowy

4 uncje suszonego makaronu soba

1 łyżka oleju z pestek winogron

2 ząbki czosnku, posiekane

½ główki kalafiora

3 łyżki tahini

1 łyżeczka oleju sezamowego

2 łyżeczki oliwy z oliwek

sok z ¼ cytryny

1 łodyga posiekanej zielonej cebuli

¼ szklanki grubo posiekanej kolendry

1 łyżeczka prażonych ziaren maku

słoiki z cytryną do dekoracji

Sezam do dekoracji

2 łyżki posiekanej kolendry

Instrukcje

Przygotuj bemar i włóż do niego sous vide. Ustaw na 123 F. Dopraw łososia solą i pieprzem. W misce wymieszaj olej sezamowy, oliwę z oliwek, imbir i miód. Umieść łososia i mieszaninę w zamykanej torebce. Dobrze wstrząsnąć. Odpowietrzyć metodą wypierania wody, zamknąć worek i zanurzyć go w kąpieli wodnej. Piec przez 20 minut.

W międzyczasie przygotuj makaron soba. Na patelni rozgrzej olej z pestek winogron i smaż kalafior z czosnkiem przez 6-8 minut. W misce wymieszaj tahini, oliwę z oliwek, olej sezamowy, sok z limonki, kolendrę, szalotkę i prażone nasiona sezamu. Odcedzamy makaron i dodajemy do kalafiora.

Rozgrzej patelnię na dużym ogniu. Przykryj kawałkiem pergaminu. Gdy czas się skończy, wyjmij łososia i włóż go na patelnię. Smaż przez 1 minutę. Podawaj makaron w dwóch miskach i dodaj łososia. Udekorować plasterkami cytryny, makiem i kolendrą.

Wyśmienity homar z majonezem

Przygotowanie + czas gotowania: 40 minut | Porcje: 2

Surowiec

2 ogony homara

1 łyżka masła

2 posiekane słodkie cebule

3 łyżki majonezu

sól dla smaku

szczypta czarnego pieprzu

2 łyżeczki soku z cytryny

Instrukcje

Przygotuj bemar i włóż do niego sous vide. Ustaw na 138F.

Podgrzej wodę w rondlu na dużym ogniu, aż się zagotuje. Otwórz muszle ogonów homara i zanurz je w wodzie. Gotuj przez 90 sekund. Przenieść do łaźni lodowo-wodnej. Pozostawić do ostygnięcia na 5 minut. Rozbij łuski i usuń ogon.

Umieść posmarowane masłem ogony w worku próżniowym. Odpowietrzyć metodą wypierania wody, zamknąć worek i zanurzyć go w kąpieli wodnej. Piec 25 minut.

Gdy licznik czasu się zatrzyma, zdejmij ogon i osusz go. Usiądź bokiem. Pozostawić do ostygnięcia na 30 minut. W misce wymieszaj majonez, słodką cebulę, pieprz i sok z cytryny. Posiekaj ogon, dodaj do mieszanki majonezu i dobrze wymieszaj. Podawać z tostowym pieczywem.

Koktajl z krewetek na imprezę

Przygotowanie + czas gotowania: 40 minut | Porcje: 2

Surowiec

1 kg krewetek obranych i oczyszczonych
Sól i pieprz do smaku
4 łyżki posiekanego świeżego koperku
1 łyżka masła
4 łyżki majonezu
2 łyżki posiekanej zielonej cebuli
2 łyżeczki świeżo wyciśniętego soku z cytryny
2 łyżeczki przecieru pomidorowego
1 łyżka sosu Tabasco
4 prostokątne bułki
8 liści sałaty
½ cytryny pokrojonej w plasterki

Instrukcje

Przygotuj bemar i włóż do niego sous vide. Ustaw na 149 F. Do sosu dobrze wymieszaj majonez, szczypiorek, sok z cytryny, koncentrat pomidorowy i sos Tabasco. Doprawić solą i pieprzem.

Umieść krewetki i przyprawy w zamykanej torebce. Do każdego opakowania dodać 1 łyżkę koperku i 1/2 łyżki masła. Odpowietrzyć metodą wypierania wody, zamknąć worek i zanurzyć go w kąpieli wodnej. Piec 15 minut.

Rozgrzej piekarnik do 400°F i piecz muffinki przez 15 minut. Gdy odliczanie się skończy, wyjmij worek i opróżnij go. Krewetki włóż do miski z sosem i dobrze wymieszaj. Podawać na wrapach z sałatką cytrynową.

Łosoś cytrynowy z ziołami

Przygotowanie + czas gotowania: 45 minut | Porcje: 2

Surowiec

2 filety z łososia bez skóry
Sól i pieprz do smaku
¾ szklanki oliwy z oliwek z pierwszego tłoczenia
1 szalotka pokrojona w cienkie plasterki
1 łyżka liści bazylii, lekko posiekanych
1 łyżeczka zioła
3 uncje mieszanych warzyw
1 cytryna

Instrukcje

Przygotuj bemar i włóż do niego sous vide. Ustaw na 128F.

Dopraw łososia solą i pieprzem i włóż do worka próżniowego. Dodać plasterki szalotki, oliwę, zioła i bazylię. Odpowietrzyć metodą wypierania wody, zamknąć worek i zanurzyć go w kąpieli wodnej. Piec 25 minut.

Gdy minutnik się skończy, wyjmij torebkę i przenieś łososia na talerz. Wodę z gotowania wymieszaj z odrobiną soku z cytryny i przykryj filetem z łososia. Spotkać się.

Pyszne maślane ogony homara

Przygotowanie + czas gotowania: 1 godzina i 10 minut | Porcje: 2

Surowiec

8 łyżek masła

2 łuskane ogony homara

2 gałązki świeżego estragonu

2 łyżki szałwii

sól dla smaku

słoiki z cytryną

Instrukcje

Przygotuj bemar i włóż do niego sous vide. Ustaw na 134F.

Umieść ogony homara, masło, sól, szałwię i estragon w zamykanej torebce. Odpowietrzyć metodą wypierania wody, zamknąć worek i zanurzyć go w kąpieli wodnej. Piec przez 60 minut.

Gdy licznik czasu się skończy, wyjmij torebkę i przenieś homara na talerz. Na wierzch posmaruj masłem. Udekorować plasterkami cytryny.

Tajski łosoś z kalafiorem i makaronem jajecznym

Przygotowanie + czas gotowania: 55 minut | Porcje: 2

Surowiec

2 filety z łososia ze skórą

Sól i pieprz do smaku

1 łyżka oliwy z oliwek

4½ łyżki sosu sojowego

2 łyżki posiekanego świeżego imbiru

2 tajskie papryki, pokrojone w cienkie plasterki

6 łyżek oleju sezamowego

4 uncje przygotowanego makaronu jajecznego

6 uncji gotowanych różyczek kalafiora

5 łyżek sezamu

Instrukcje

Przygotuj bemar i włóż do niego sous vide. Ustaw na 149 F. Przygotuj blachę do pieczenia wyłożoną folią aluminiową i połóż łososia, dopraw solą i pieprzem i przykryj kolejnym arkuszem folii aluminiowej. Piec w piekarniku przez 30 minut.

Umieść ugotowanego łososia w zamykanej torebce. Odpowietrzyć metodą wypierania wody, zamknąć worek i zanurzyć go w kąpieli wodnej. Gotuj przez 8 minut.

W misce wymieszaj imbir, czerwoną paprykę, 4 łyżki sosu sojowego i 4 łyżki oleju sezamowego. Gdy minutnik się skończy, wyjmij torebkę i przenieś łososia do miski z makaronem. Udekorować prażonymi nasionami i skórką łososia. Skropić sosem imbirowo-pieprzowym i podawać.

Lekki okoń morski z koperkiem

Przygotowanie + czas gotowania: 35 minut | Porcje: 3

Surowiec

1 funt chilijskiego okonia morskiego, pozbawionego skóry
1 łyżka oliwy z oliwek
Sól i pieprz do smaku
1 łyżka koperku

Instrukcje

Przygotuj bemar i włóż do niego sous vide. Ustaw na 134 F. Dopraw okonia morskiego solą i pieprzem i umieść go w worku próżniowym. Dodać koperek i oliwę. Odpowietrzyć metodą wypierania wody, zamknąć worek i zanurzyć go w kąpieli wodnej. Piec przez 30 minut. Gdy licznik czasu się skończy, wyjmij torebkę i połóż okonia morskiego na talerzu.

Smażone krewetki w słodkiej papryce

Przygotowanie + czas gotowania: 40 minut | Porcje: 6

Surowiec

1,5 kg krewetek

3 suszone czerwone papryki

1 łyżka startego imbiru

6 ząbków czosnku, posiekanych

2 łyżki wina szampańskiego

1 łyżka sosu sojowego

2 łyżeczki cukru

½ łyżeczki skrobi kukurydzianej

3 posiekane zielone cebule

Instrukcje

Przygotuj bemar i włóż do niego sous vide. Ustaw na 135F.

Połącz imbir, ząbki czosnku, pieprz, szampan, cukier, sos sojowy i skrobię kukurydzianą. Obrane krewetki wraz z mieszaniną umieść w worku próżniowym. Odpowietrzyć metodą transferu wody, zamknąć i zanurzyć w łaźni wodnej. Piec przez 30 minut.

Umieść szczypiorek na patelni na średnim ogniu. Dodaj olej i smaż przez 20 sekund. Gdy licznik czasu się skończy, wyjmij ugotowane krewetki i włóż je do miski. Udekorować cebulą. Podawać z ryżem.

Owocowe Tajskie Krewetki

Przygotowanie + czas gotowania: 25 minut | Porcje: 4

Surowiec

2 funty krewetek, obranych i oczyszczonych

4 obrane i starte papaje

2 pokrojone szalotki

¾ szklanki pomidorków koktajlowych, przekrojonych na pół

2 łyżki posiekanej bazylii

¼ szklanki suszonych, prażonych orzeszków ziemnych

sos tajski

¼ szklanki soku z cytryny

6 łyżek cukru

5 łyżek sosu rybnego

4 ząbki czosnku

4 małe czerwone papryki

Instrukcje

Przygotuj bemar i włóż do niego sous vide. Ustaw na 135 F. Umieść krewetki w worku próżniowym. Odpowietrzyć metodą wypierania wody, zamknąć worek i zanurzyć go w kąpieli wodnej. Piec 15 minut. W misce dokładnie wymieszaj sok z cytryny, sos rybny i cukier. Zmiażdż czosnek i paprykę. Dodaj do mieszanki sosu.

Gdy licznik czasu się skończy, wyjmij krewetki z torby i włóż je do miski. Dodaj papaję, tajską bazylię, szalotki, pomidory i orzeszki ziemne. Posmaruj sosem.

Danie z krewetek cytrynowych w stylu dublińskim

Przygotowanie + czas gotowania: 1 godzina i 15 minut | Porcje: 4

Surowiec

4 łyżki masła

2 łyżki soku z cytryny

2 świeże czosnek, posiekane

1 łyżeczka świeżej skórki z cytryny

Sól i pieprz do smaku

1-funtowe krewetki jumbo, oczyszczone i oczyszczone

½ szklanki bułki tartej Panko

1 łyżka posiekanej świeżej natki pietruszki

Instrukcje

Przygotuj bemar i włóż do niego sous vide. Ustaw na 135F.

Na patelni rozgrzej 3 łyżki masła na średnim ogniu, dodaj sok z cytryny, sól, czarny pieprz, czosnek i skórkę. Pozostawić do ostygnięcia na 5 minut. Umieść krewetki i mieszaninę w zamykanej torbie. Odpowietrzyć metodą wypierania wody, zamknąć worek i zanurzyć go w kąpieli wodnej. Piec przez 30 minut.

W międzyczasie rozgrzej masło na patelni na średnim ogniu i podsmaż bułkę tartą panko. Gdy czas się skończy, wyjmij krewetki i umieść je w powolnej kuchence na dużym ogniu i gotuj w wodzie z gotowania. Podawać w 4 miseczkach do zupy i posypać bułką tartą.

Soczyste przegrzebki z pikantnym sosem czosnkowym

Przygotowanie + czas gotowania: 75 minut | Porcje: 2

Surowiec

2 łyżki żółtego curry w proszku

1 łyżka koncentratu pomidorowego

½ szklanki kremu kokosowego

1 łyżeczka sosu chili

1 łyżka soku z cytryny

6 przegrzebków

Ugotowany brązowy ryż do podania

świeża kolendra, posiekana

Instrukcje

Przygotuj bemar i włóż do niego sous vide. Ustaw na 134F.

Wymieszaj śmietankę kokosową, koncentrat pomidorowy, curry, sok z cytryny i sos czosnkowy chili. Umieść mieszaninę w zamykanej torebce razem z przegrzebkami. Odpowietrzyć metodą wypierania wody, zamknąć worek i zanurzyć go w kąpieli wodnej. Piec przez 60 minut.

Gdy licznik czasu się skończy, wyjmij torebkę i połóż ją na talerzu. Podawać z brązowym ryżem i udekorować przegrzebkami. Udekoruj kolendrą.

Curry krewetkowe z makaronem

Przygotowanie + czas gotowania: 25 minut | Porcje: 2

Surowiec

1 funt krewetek, ogon

8 uncji makaronu wermiszelowego, ugotowanego i odsączonego

1 łyżeczka wina ryżowego

1 łyżeczka curry w proszku

1 łyżka sosu sojowego

1 pokrojona w plasterki zielona cebula

2 łyżki oleju roślinnego

Instrukcje

Przygotuj bemar i włóż do niego sous vide. Ustaw na 149 F. Umieść krewetki w worku próżniowym. Odpowietrzyć metodą wypierania wody, zamknąć worek i zanurzyć go w kąpieli wodnej. Piec 15 minut.

Na patelni rozgrzej oliwę z oliwek na średnim ogniu, dodaj wino ryżowe, curry i sos sojowy. Dobrze wymieszaj i dodaj makaron. Gdy czas się skończy, wyjmij krewetki i przenieś je do mieszanki makaronu. Udekorować szczypiorkiem.

Pyszny kremowy dorsz z pietruszką

Przygotowanie + czas gotowania: 40 minut | Porcje: 6

Surowiec

<u>dla dorsza</u>

6 filetów z dorsza

sól dla smaku

1 łyżka oliwy z oliwek

3 gałązki świeżej pietruszki

<u>na sos</u>

1 kieliszek białego wina

1 szklanka pół na pół śmietanki

1 posiekany czosnek

2 łyżki posiekanego koperku

2 łyżeczki czarnego pieprzu

Instrukcje

Przygotuj bemar i włóż do niego sous vide. Ustaw na 148F.

Umieść osolone i przyprawione filety z dorsza w worku próżniowym. Dodać oliwę i natkę pietruszki. Odpowietrzyć metodą wypierania wody, zamknąć worek i zanurzyć go w kąpieli wodnej. Piec przez 30 minut.

Rozgrzej patelnię na średnim ogniu, dodaj wino, cebulę, czarny pieprz i smaż, aż woda się wchłonie. Dodajemy pół na pół śmietanki, aż zgęstnieje. Gdy czas się skończy, połóż rybę na talerzu i polej sosem.

Pot de Rillettes Francuskie z Łososiem

Przygotowanie + czas gotowania: 2 godziny i 30 minut | Porcje: 2

Surowiec

Pół kilo filetu z łososia, bez skóry

1 łyżeczka soli morskiej

6 łyżek masła

1 posiekana cebula

1 ząbek posiekanego czosnku

1 łyżka soku z cytryny

Instrukcje

Przygotuj bemar i włóż do niego sous vide. Ustaw na 130 F. Umieść łososia, niesolone masło, sól morską, ząbki czosnku, cebulę i sok z cytryny w worku próżniowym. Odpowietrzyć metodą wypierania wody, zamknąć worek i zanurzyć go w kąpieli wodnej. Piec przez 20 minut.

Gdy minutnik się skończy, wyjmij łososia i umieść go w 8 małych miseczkach. Doprawić do smaku wodą z gotowania. Pozostawić do wystygnięcia w lodówce na 2 godziny. Podawać z tostowanymi kromkami chleba.

Łosoś szałwiowy z puree ziemniaczanym z dodatkiem kokosa

Przygotowanie + czas gotowania: 1 godzina i 30 minut | Porcje: 2

Surowiec

2 filety z łososia bez skóry
2 łyżki oliwy z oliwek
2 gałązki szałwii
4 ząbki czosnku
3 ziemniaki, obrane i posiekane
¼ szklanki mleka kokosowego
1 opakowanie tęczowego węgla drzewnego
1 łyżka startego imbiru
1 łyżka sosu sojowego
sól morska do smaku

Instrukcje

Przygotuj bemar i włóż do niego sous vide. Ustaw na 122 F. Umieść łososia, szałwię, czosnek i oliwę z oliwek w worku próżniowym. Odpowietrzyć metodą wypierania wody, zamknąć worek i zanurzyć go w kąpieli wodnej. Gotuj przez 1 godzinę.

Rozgrzej piekarnik do 375 F. Posmaruj ziemniaki oliwą z oliwek i piecz przez 45 minut. Włóż ziemniaki do blendera i dodaj mleko kokosowe. Doprawić solą i pieprzem. Mieszaj przez 3 minuty, aż masa będzie gładka.

Na patelni rozgrzej olej na średnim ogniu i podsmaż imbir, ziemniaki i sos sojowy.

Gdy licznik czasu się skończy, wyjmij łososia i umieść go na gorącej patelni. Smaż przez 2 minuty. Przełożyć na talerz, dodać puree ziemniaczane i przykryć węglem drzewnym.

Koperkowa miska z małą ośmiornicą

Przygotowanie + czas gotowania: 60 minut | Porcje: 4

Surowiec

1 kilogram ośmiornicy

1 łyżka oliwy z oliwek

1 łyżka świeżo wyciśniętego soku z cytryny

Sól i pieprz do smaku

1 łyżka koperku

Instrukcje

Przygotuj bemar i włóż do niego sous vide. Ustaw na 134 F. Umieść ośmiornicę w worku próżniowym. Odpowietrzyć metodą wypierania wody, zamknąć worek i zanurzyć go w kąpieli wodnej. Piec przez 50 minut. Gdy minutnik się skończy, wyjmij ośmiornicę i osusz. Wymieszaj ośmiornicę z odrobiną oliwy z oliwek i sokiem z cytryny. Doprawić solą, pieprzem i koperkiem.

Solony łosoś z sosem holenderskim

Przygotowanie + czas gotowania: 1 godzina i 50 minut | Porcje: 4

Isurowiec

4 filety z łososia

sól dla smaku

Sos holenderski

4 łyżki masła

1 żółtko

1 łyżeczka soku z cytryny

1 łyżeczka wody

½ posiekanej szalotki

trochę czerwonej papryki

Instrukcje

Doprawiamy łososia solą. Pozostawić do ostygnięcia na 30 minut. Przygotuj bemar i włóż do niego sous vide. Ustaw na 148 F. Umieść wszystkie składniki sosu w zamykanej torbie. Odpowietrzyć metodą wypierania wody, zamknąć worek i zanurzyć go w kąpieli wodnej. Piec 45 minut.

Wyjmij torebkę, gdy licznik czasu się zatrzyma. Odłóż to na bok. Zmniejsz temperaturę sous vide do 50 F i umieść łososia w worku próżniowym. Odpowietrzyć metodą wypierania wody, zamknąć worek i zanurzyć go w kąpieli wodnej. Piec przez 30 minut. Sos przełóż do blendera i miksuj, aż zmieni kolor na jasnożółty. Gdy czas się skończy, wyjmij łososia i osusz. Podawać polane sosem.

Wspaniały łosoś cytrynowy z bazylią

Przygotowanie + czas gotowania: 35 minut | Porcje: 4

Surowiec

2 funty łososia

2 łyżki oliwy z oliwek

1 łyżka posiekanej bazylii

skórka z 1 cytryny i

1 sok z cytryny

¼ łyżeczki czosnku w proszku

Sól morska i czarny pieprz do smaku

Instrukcje

Przygotuj bemar i włóż do niego sous vide. Ustaw na 115 F. Umieść łososia w zamykanej torbie. Odpowietrzyć metodą wypierania wody, zamknąć worek i zanurzyć go w kąpieli wodnej. Piec przez 30 minut.

W międzyczasie wymieszaj w misce pieprz, sól, bazylię, sok z cytryny i proszek czosnkowy, aż uzyskasz emulsję. Gdy minutnik się skończy, wyjmij łososia i połóż go na talerzu. Oszczędzaj wodę do gotowania. Na patelni rozgrzewamy olej na dużym ogniu i podsmażamy plasterki czosnku. Zarezerwuj czosnek. Na patelnię włóż łososia i smaż przez 3 minuty, aż będzie złocisty. Nałóż na talerz i połóż plasterki czosnku.

Kawałki jajek z łososiem i szparagami

Przygotowanie + czas gotowania: 70 minut | Porcje: 6

Surowiec

6 całych jaj

¼ szklanki świeżej śmietanki

¼ szklanki koziego sera

4 końcówki szparagów

2 uncje wędzonego łososia

2 uncje sera Chevre

½ uncji posiekanej szalotki

2 łyżeczki posiekanego świeżego koperku

Sól i pieprz do smaku

Instrukcje

Przygotuj bemar i włóż do niego sous vide. Ustaw na 172 F. Wymieszaj jajka, crème fraîche, kozi ser i sól. Szparagi pokroić w kostkę i dodać do mieszanki z szalotką. Łososia pokroić i włożyć do miski. Dodaj koperek. Dobrze wymieszaj.

Dodaj mieszankę jajek z łososiem do 6 słoików. Do słoików dodać 1/6 jodełki, zamknąć i zanurzyć słoiki w łaźni wodnej. Piec przez 60 minut. Gdy czas się skończy, wyjmij słoiki i posyp solą.

www.ingramcontent.com/pod-product-compliance
Lightning Source LLC
Chambersburg PA
CBHW071909110526
44591CB00011B/1614